虎バカ本の世界

阪神タイガースを「読む」

新保信長

ワニブックス
PLUS新書

はじめに

我らが阪神タイガースが21年ぶりの優勝を果たした1985年。大学生だった私は決して裕福とは言えなかったが、スポーツ新聞はもちろん、阪神特集の載った雑誌、優勝記念の増刊号、そして虎フィーバーに便乗して出版された数多くの阪神本を手当たり次第に買い集めた。その後の長い暗黒時代から、ここ15年ほどの黄金期（と言ってもいいだろう）に至るまで、目についた阪神本はとりあえず買うという方針で生きてきた。おかげで書棚の一角は阪神コーナーと化し、押入れにも段ボール数箱分の阪神本や雑誌や新聞が眠っているわけである。

本書では、そんな私の蔵書から、選手や監督、OBなど、球団関係者の著書ではない、言ってしまえば〝単なるファン〟が勢い余って出してしまったような本＝「虎バカ本」

を紹介していきたい。

有名無名の書き手がタイガース愛をダダ漏れにした本から、タイガースに関するうんちくを語る本、ノリだけで出したような便乗本、チームの歴史や選手の逸話をまとめた本、タイガースを題材にした小説やマンガなど、内容はさまざま。共通しているのは、著者がタイガースファンであるということだけだ（一部例外あり）。

それらを私個人のタイガース遍歴とも重ねながら読み解いていく。といっても、一般的な書評集やブックガイドとはちょっと違う。本の中身がどうかも大事だが、それと同時に著者の虎バカぶり、タイガース愛がいかばかりか、ということも重要なポイントとなる。１９８４年から２０１６年刊行のものまで57冊（ハンパな数なのはページの都合による）を取り上げているが、そこには当然それぞれの本が出た時点の阪神タイガースのチーム状況やプロ野球界の動向が反映されているわけで、そういう意味ではここ30年ほどのタイガースとプロ野球の歴史を振り返ることにもなるだろう。

私自身は小学生の頃からのタイガースファンである。実家は大阪・梅田（正確にいえば堂島）で食堂をやっていた。当時は近所に阪神タイガースの球団事務所があり、出前を持っていったりもした。トラキチの店として有名な喫茶店「まる虎ぽーろ」も、ご近所さんである。そんな環境で育てば、そりゃタイガースのファンにならないほうがおかしい。金銭的な理由で甲子園にはなかなか行けなかったが、サンテレビの野球中継はほとんど欠かさず見ていた。大学進学で東京に来たら阪神戦の中継がラジオですらやってなくて愕然としたが、今やCSやネットで中継があるので日々観戦に余念がない。年に何度かは球場にも足を運ぶ。

本書は、そんな一人のタイガースファンがタイガースについて書かれた本を読みながら感じたこと、考えたことを綴ったコラム集とも言える。

阪神タイガースとは何なのか、タイガースファンとはいかなる人種なのか。人それぞれ、「なるほど」と納得できる部分もあれば、「違う」と感じる部分もあるだろう。しかし、タイガースファンはもちろん、プロ野球が好きで特定のひいきチームを持つ人であれば、きっとお楽しみいただけると思う。

ただし、巨人ファンの方だけはゴメンナサイ、読まないほうが身のためです。まあ、こんなタイトルの本を手に取る巨人ファンもいないとは思うけど。

もくじ

はじめに……3

第1章 純粋虎バカ本……15

001 『歌集 阪神タイガース 虎にしびれて』小杉なんぎん／KKロングセラーズ／2010年……16
002 『トラポエム 阪神タイガースの選手に捧げる詩の世界』松沢俊之／文芸社／2004年……19
003 『日々の虎 阪神主義者（われら）かく戦えり』峯正澄／双葉社／2004年……26
004 『ええかげんにせいっ！ タイガース』レオナルド・いも／チャンネルゼロ／1990年……30
005 『思いこんだらタイガース』松林豊／立風書房／1984年……34

006 『タイガースへの鎮魂歌《レクイエム》』玉木正之／河出文庫／1991年……40
007 『阪神ファンの変態的快楽』岡本さとる／有朋堂／1996年……44
008 『猛虎復興計画　これでも「大阪の恥」なんか!!』摂津守桃丸／同文書院／1996年……49
009 『トラの母』歌橋正子／扶桑社／1999年……54
010 『ライトスタンド　虎ファンだけの写真集』シャノン・ヒギンス／幻冬舎／2003年……59

第2章　便乗虎バカ本

……63
011 『獣王無敵！鳴呼タイガース』シーズ編集部編／シーズ／1985年……64
012 『大爆発　トラキチやでぇー』全日本トラキチ・バンザイ連盟編／二見書房／1985年……69
013 『トラトラ優勝ゲームブック』堀井憲一郎編／サン出版／1985年……73
014 『コミック　ザ・阪神1985』企画集団ベース編／エム・アイ・エー／1985年……77

第3章 うんちく虎バカ本

024 『本当は強い阪神タイガース』鳥越規央／ちくま新書／2013年……122
025 『阪神タイガースファン名言珍言集』猛虎魂会／中経出版／2008年……127
026 『阪神タイガースへぇ～77連発!!』一ツ橋猛虎会編／小学館／2003年……131
027 『大阪学 阪神タイガース編』大谷晃一／新潮文庫／2003年……135
028 『阪神タイガースの謎』唐渡吉則監修・造事務所編／実業之日本社／2015年……140

第4章 有名人虎バカ本……145

029 『マンボウ阪神狂時代』北杜夫／新潮社／2004年……146
030 『正しい阪神の応援のしかた』月亭八方／現代書林／1985年……150
031 『道上洋三のなんでもかんでもタイガース』道上洋三／桐原書店／1985年……154
032 『トラキチ男泣き日記』江國滋／文藝春秋／1985年……158

033 『阪神馬鹿』ダンカン／柑出版社／1999年……163
034 『愛しの虎』松村邦洋／太田出版／2004年……167
035 『ぼくはタイガースだ』五味太郎／集英社／2003年……172
036 『タイガース優勝したらどうしよう』山藤章二・ひろさちや／徳間書店／1992年……176
037 『野球は阪神　私は独身』遙洋子／青春出版社／2002年……182
038 『「阪神ファン式」人生の法則　感動が成功を生む』國定浩一／TOブックス／2008年……186
第5章　内幕虎バカ本……191
039 『この一年　バースが言いたかったこと』平尾圭吾／徳間書店／1985年……192
040 『バースの日記。』ランディ・バース、訳・平尾圭吾／集英社文庫／1991年……197
041 『プロ野球　見るより面白いタイガースの本』西本忠成とトラ番記者／青春出版社／1985年……201

042 『阪神タイガース・ここまで暴露《バラ》せば殺される』トラ番記者の会／あっぷる／1993年……206
043 『背番号三桁』矢崎良一・中田潤・岩田卓士・池田浩明ほか／竹書房／2004年……211
044 『元・阪神』中田潤・矢崎良一・橋本清・池田浩明・高橋安幸／竹書房／2004年……216
045 『阪神戦・実況32年。 甲子園の放送席から見続けたタイガースの真実』西澤暲／講談社／2014年……221
046 『阪神タイガース「黒歴史」』平井隆司／講談社＋α新書／2016年……226
047 『もうひとつの阪神タイガース』妹尾豊孝／ブレーンセンター／2009年……231

第6章 フィクション虎バカ本……235

048 『新本格猛虎会の冒険』有栖川有栖ほか／東京創元社／2003年……236
049 『わが愛しの阪神《タイガース》 満点ジャック④』新田たつお／実業之日本社／1985年……240
050 『ヒーローインタビュー』坂井希久子／角川春樹事務所／2013年……244

051 『虎がにじんだ夕暮れ』山田隆道／幻冬舎文庫／2014年……249
052 『1985』真田至／太田出版／2000年……254
053 『青春の覇気美しく――小説・嗚呼！阪神タイガース』近藤道郎／南雲堂／1998年……259
054 『球心蔵』阿久悠／河出書房新社／1997年……264
055 『神様がくれた背番号』原作・松浦儀実、作画・渡辺保裕／日本文芸社／2012年……270
056 『なにがなんでも阪神ファン』押川雲太朗／双葉社／1992年……274
057 『心おきなく正気を捨てえ!!』山田圭子／双葉社／2005年……278
おわりに……284

第1章

純粋虎バカ本

とにかく虎への想いがあふれまくる。書き手が有名無名に関係なく、場合によっては仕事かどうかすら超越した衝動を書き募り、誰にも止められぬまま世に出た虎バカ本。その純粋なるタイガース愛は何物にも代えがたい輝きを放つ。

001

歌集　阪神タイガース
虎にしびれて

小杉なんぎん／KKロングセラーズ／2010年

これを短歌と呼んでいいのか!?
タイガース愛あふれる謎の歌集

虎バカ本の筆頭にご紹介するのは、小杉なんぎん著『虎にしびれて』。副題に「歌集阪神タイガース」とあるように、タイガースを題材にした短歌170首を収録したものだ。

……いやいや、タイガースを題材にした短歌て！　その時点で各方面からツッコミが入りそうだが、正直これを短歌と呼んでいいのかどうか、門外漢の私には判断しかねる。けれども、そこから伝わってくる虎バカぶりは本物だ。巻頭に据えられたあいさつ代わりの歌に、まずグッとくる。

〈阪神のどこが好きかと訊ねられ／それがわかればなってはいない〉

まさに虎バカの心理を代弁したような一首ではないか。

もちろん選手を詠んだ歌もたくさんある。

〈バットより先に自分の骨が折れ／それでも金本心折れない〉

〈審判の右手が上がるその前に／マウンド降りて江夏輝く〉

このへんはきれいにまとめた感じだが、一流になりきれなかった選手についての歌もまた味わい深い。

〈先発の時は普通の人なのに／代打になると八木は神様〉

〈恋人にフラれてしまったかのような／凡打の濱中そんな顔する〉

〈人柄というタイトルはないけれど／秀太のタイトルそれは人柄〉

マイナーな選手もよく覚えていて、こんな歌も詠まれている。

〈山尾という選手が四番を打ったこと／それを伝えず何を伝える〉

〈野田という二塁手がいたバントした／地味な選手の地味な思い出〉

さらに、「何じゃそりゃ?」と言いたくなる珍品も。

〈真弓真弓ホームランディズニーの／著作権は大丈夫かな〉

〈辻という二人の捕手がいたけれど／ヒゲで区別をするのもどうかと〉

そんなこと短歌に詠んでどうすんだ。

著者はコラムニスト兼漫画家。詳しいことは知らないが、あとがきによれば阪神ファン歴は40年とか。〈そんな40年の中で、僕は就職し、結婚し、子供も三人産まれ、たまではよかったけれど、その後、離婚し、何度も失業し、心が折れそうになって……〉という山あり谷ありの人生の中で、心の拠り所となったのが阪神タイガースだったのだ。

そんな著者が詠む〈タイガースああタイガースタイガース／他に何あるこの世の中に〉という締めの一首に、強くうなずく虎バカは多いだろう。

〈前祝い！　阪神タイガース優勝！〉との惹句が表紙に躍る本書の発行は2010年9月。つまり、中日、巨人と激しく首位争いを繰り広げ、8月には単独首位に立ちながら、最後は1ゲーム差で中日に優勝をさらわれた年である。そのタイミングでの出版というのもまた人生の哀愁を感じさせる愛すべき虎バカ本なのだった。

002

トラポエム
阪神タイガースの選手に捧げる詩の世界

松沢俊之／文芸社／2004年

既存の阪神本に満足できない「妄信的阪神ファン詩人」の魂の叫び

短歌の次はポエムである。ただし、前項の『虎にしびれて』と違って、こちらはおそらく自費出版だ。お金を払ってでも阪神タイガースについて語りたい！　その衝動だけで作られたような本。虎バカ本としては一級の物件である。

著者は「はじめに（トラポエムの説明）」で、次のように語る。

〈このトラポエムは、妄信的阪神ファン詩人である筆者が作った阪神の現役＆ＯＢ選手に捧げる詩の世界である。／昨年の優勝を機に、さまざまな阪神本が出版されたが、そ

の多くがブームに乗ったカタログ本ばかりであり、私の心を打つものはなかった。ならば自分自身で〝阪神という名の記憶〟を形にしようと思い詩を書き始めた。その結果、過剰なる愛と妄想に満ちた詩が次々に誕生した〉

昨年というのは2003年のことだが、満足できる阪神本がないから自分で作っちゃえというあたり、まさに虎バカの真骨頂。「妄信的阪神ファン詩人」という肩書(?)もどうかしている。

で、肝心のポエムとは、どんなものなのか? 最初に作ったという「井川慶」はこんな感じだ。

2003年のある夏の日
首位を独走している
プロ野球チームの大エースは
伸ばしっぱなしの髪の毛を切りに
行きつけの床屋に行った

ところが
休み明けの店は超満員
エースは店に入ることはなく
淋しく帰途についたという
エースの名は井川慶
誰よりも純粋で
誰よりも純朴で
誰よりも純真な男
口がさけても
俺は大物なんやから先に切らせろや
なんてことはいいません
（中略）
君は
21世紀の宮沢賢治だ

僕は君と一緒に
銀河鉄道に乗りたい

……すみません、ポエムってこういうものでしたっけ？　まあ、芸術とは自由な魂の発露であるからして、そういう意味ではこれも立派な詩なのかもしれない。井川を宮沢賢治に喩えるセンスも常人とは違う何かを感じさせる。
そして、2番目に作ったポエムが、なぜかいきなり「佐野仙好」だ。

我こそは
初代勝利打点王なり！
でも
いまや
勝利打点なんていう言葉は
完全に死語になってしまった

でも、そんなことは関係ない
神様が
あなたに与えた2つのもの
それは
頭からフェンスに激突しても
へこたれない丈夫な命
そして初代勝利打点王の称号
（中略）
藤田太陽が巨人の誘いを蹴って
阪神に入団したのは
スカウトである
あなたの誠意に打たれたから
そう彼は言っていた
（後略）

確かに勝利打点って今は記録対象外だけど、〈完全に死語〉とまで言わんでも。あと、〈丈夫な体〉でなく〈丈夫な命〉というところがポエムっぽい気がしなくもない。

この調子で36人の選手&OBについて綴っていくわけである。できれば全部紹介したいがそうもいかないので、冒頭の部分だけ何人分か書き出してみよう。

喜色満面
天真爛漫
いつも心に北川博敏!

＊

2004年4月7日水曜日午後8時50分
春らんまんの横浜が
地獄絵図と化した

＊

仏のゴロー
それがお前のあだなさぁ〜♪
鈍足なヤツだったよぉ
お前は最後まで〜♪

＊

オリックス球団は
なぜ中村勝広を
GMに指名したのか

……はい、以上でポエム終了。ちなみに2番目のは名前が出てきてないけど、吉野誠に捧げるポエムである。〈地獄絵図〉って何のことか、虎バカならわかるよね？

著者プロフィールによれば、〈現在も随時、執筆しておりホームページで閲覧可能〉とのこと。「トラポエム」で検索してみたらちゃんと出てきたので、興味のある方はぜひご覧いただきたい（見なくても可）。

003

日々の虎

阪神主義者（われら）かく戦えり

峯正澄／双葉社／2004年

あの素晴らしい日々をしみじみと反芻できる〝タイガース的日常〟

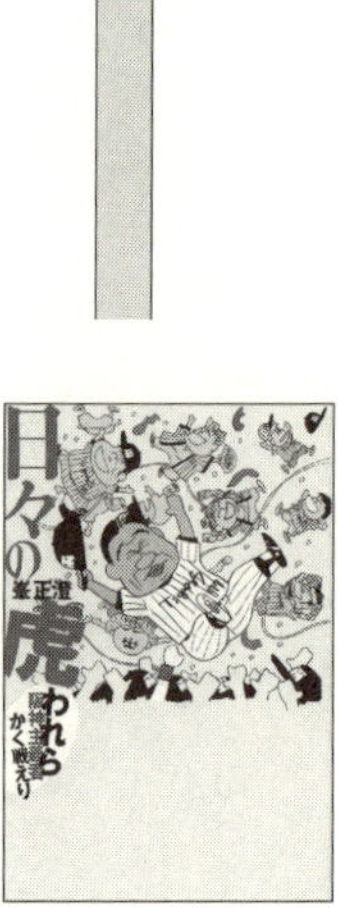

我らが阪神タイガースが18年ぶりの優勝を果たした2003年。私は明らかにどうかしていた。'85年の胴上げを生で見ることができなかった無念、今年見なければ死ぬまで見れないに違いないという強迫観念から、いつ優勝が決まってもいいように8月後半以降の試合のチケットをヤフオクで落としまくったのだ。

その額およそ80万円。買ったからには当然見に行くわけで、各誌の阪神特集や臨時増刊などの阪神特需で4割増しに忙しい仕事の合間を縫って、横浜、神宮、ナゴヤ、広島、甲子園と飛び回る日々。

　ところが、プレッシャーから足踏みする我らが阪神タイガースは、9月14日の時点でマジック2。そして私は15日分までしかチケットを持っておらず、16日には別件の仕事で高知に行かねばならなかった。いざとなったらいくら払ってでもダフ屋からチケット買って、仕事終わった時点でトンボ帰りするか……。などと考えていたが、結果は皆さんご存じのとおり。甲子園で選手たちとともに優勝決定を待ったあの時間は至福であったが、あまりに幸せすぎて、本当にあったことなのか、今となっては自信がない。

　そんな夢のような1年（正確には2月1日のキャンプインから10月27日の日本シリーズ第7戦まで）を日記スタイルで綴ったのが、本書である。副題に「阪神主義者（われら）かく戦えり」とあるように、著者はファン歴40年を超える生粋の阪神主義者。記述の中心はもちろん阪神タイガースの動向だが、人はタイガースのみにて生きるにあらず。季節の移り変わり、息子の進学、家族旅行、イラク戦争、長崎幼児殺害事件……。そうした身の回りの出来事や社会的事件への雑感（それは時に鋭い批評ともなるのだが）を交えながら、奇跡的なペースで勝利を積み重ねるタイガースにある種の戸惑いを感じずにいられない一人の中年阪神ファンの〝タイガース的日常〟を、洒脱と哀愁に満ちた文体で書き連ねる。

5月22日、甲子園での対広島戦（5－4で勝利）を観戦後、東京から来た虎仲間と梅田の飲み屋で祝杯を挙げる。そのときの様子はこんなふうだ。

〈どうも心配でねえ、六月が、とか、勝てば勝つほど不安が増すよねえ、とかわれわれはいった。一人でいるときよりも、こんなふうに同志と語るときのほうが、むしろ慎重に、あるいは弱気になるのだということがわかった。お互いの、いってみれば強さに対する居心地の悪さが目に見えてしまうからだろう。われわれは、あまりに長くタイガース・ファンでいすぎたのだ。／そのときのわれわれは、たぶん祭りのあとのような浮かない顔をして呑んでいたのではないかと思う〉

そんな著者も優勝目前の9月には、やはり平常心を失っている。9月14日、起床後のことをこんなふうに記す。

〈妻がいない。そういえば、友人と日帰り旅行に行くといっていたな。どこに行くといっていたのか忘れてしまったが。いいのだろうか、妻の消息にこんなに関心がなくて。

まあ、仕方がない、ふだんのことではないのだ。タイガースが優勝するのだ〉

あなたがディープな阪神ファンであればあるほど心に沁みること請け合いだし、阪神ファンならずとも、特定のひいきチームを持つプロ野球愛好者なら、ここに記された〝プロ野球のある生活〟の幸福感は、十分シンパシーを抱けるものだろう（ただし巨人ファンは除く。幼稚な彼らに、この屈託と恍惚を理解することは不可能だから）。

装画は著者の学生時代からの盟友・いしいひさいち。２段組４１６ページという大著だが、あの素晴らしい日々をしみじみと反芻するには最適の虎バカ本である。

004

ええかげんにせいっ！ タイガース

レオナルド・いも／チャンネルゼロ／1990年

’80年代タイガースの迷走と一瞬の栄光と急激な没落を描く4コマ集

ある年齢以上のタイガースファンにとって、1985年というのは一生忘れることのできない年である。もちろん2003年も忘れることのできない年だが、1964年生まれの私にとって’85年はやはり特別。何しろ自分の年齢と同じだけ優勝から遠ざかっていたタイガースが生まれて初めて優勝したのだ。この歓喜の記憶を死ぬまで反芻して生きていこう、と深く心に刻んだのを覚えている。

しかし、1985年が格別に光り輝いて見える理由は、それだけじゃない。その前後、つまり'85年を除く'80年代のタイガースがあまりにもパッとしないので、相対的に'85年の素晴らしさが一層際立ってしまうのだ。

そんな'80年代のタイガースをマンガで振り返るのが、この『ええかげんにせいっ！タイガース』である。副題は「哀しすぎて笑うタイガース80'Sグラフィティ」。ブレイザー監督就任（'79年）から始まる'80年代タイガースの迷走と一瞬の栄光と急激な没落を描いた4コマが、煩悩の数と同じ１０８本収録されている。

ブレイザーに「レッツ シンキング ベースボール!!」と言われて、歌いながらプレーする掛布に岡田。「singingじゃねえっthinkingだっ!!」と怒るブレイザーの横を「♪勝つと〜思うな〜」と歌いながら通りすぎるのは佐野である。

野村、太田、山内のロートル遅球派継投に沸きに沸く敵方のスタンド。それに対し、「ちょっとは継投策考えっちゅうのに 笑われっぱなしやないか」「これで大町と宇田がおったら巨人ファン全員笑い死にやで」とボヤく阪神ファンのおっさんたち。

8番手としてマウンドに送られた遠山が「さっきボク投げたやないですか」。しかし、村山監督は「しっ だまっとったらわかるかい」。

そんな懐かしくもトホホなネタが、愛嬌ある絵でコミカルに描かれる。選手の似顔絵も特徴をとらえつつ可愛くデフォルメされていて、ダメっぷりを描いてもそこには作者のタイガース愛が詰まっている。

なかでもやはり別格なのはバース様だ。常に後光が差していて、ユニフォームの帽子にはＴＨマークではなく「神」と書かれるなど、完全に神扱い。〈〝85年〟神はわれわれ（阪神ファン）にいくつかの奇蹟をお示しになられた〉という一連の神シリーズは、バース原理主義者（私だ）にはたまらない。

巻頭には「あるタイガース・ファンの生活と意見」と題されたエッセイマンガも収録。ベテランのタイガースファンである作者が大洋ファンの友人と甲子園に阪神ー大洋戦を見に行く話が綴られているのだが、これまたペーソスたっぷりで涙なしには笑えない。

また、一人のタイガースファンを主人公に、タイガースの栄光と悲劇の歴史をたどるコラムも収録されており、こちらも読みごたえあり。執筆は前項で紹介した『日々の虎』の著者・峯正澄《みねまさすみ》。レオナルド・いもとは関西大学漫画同好会の同期であり、タイガースファンの同志でもある。あとがきも峯が担当しており、その書き出しはこんなふうだ。

〈一九八〇年代の十年間にタイガースは一三〇六試合戦い、五八五勝って、六五九負けた（引き分けは六二）。この勝敗のなかには、ライオンズと戦った一九八五年の日本選手権のものも含まれている。（四勝二敗）。／その八五年は、いくら喜んでも喜び足りない年度だったが、十年間の成績を振り返ってみると、実際ファンは、あのときもっと喜んでおくべきだったことに気付くだろう。われわれのタイガースは、十のシーズンのうち三つしか勝ち越さなかったのだ。とりわけ後半の三年間には、恐ろしく負けた〉

本書の発行は1990年3月。まさかその後の10年でさらに恐ろしく負けるとは、さすがのベテランファンも想像していなかったに違いない。「ええかげんにせいっ！　タイガース」とは、ある意味、予言的タイトルでもあったのだ。

005

思いこんだらタイガース

松林豊／立風書房／1984年

「ひげの応援団長」が見聞きした筋金入りのトラキチたちの記録

私がサンテレビでタイガースの試合を見始めた頃には、すでにその姿が甲子園のスタンドにあった。「ひげの応援団長」こと松林豊氏。スワローズのメガネの応援団長・岡田正泰氏とともに、野球ファンの記憶に残る名物男である。

１９５６年に阪神タイガース私設応援団長に就任。当時は神戸市役所に勤めていたが、甲子園に通うために民間会社に転じ、さらに自営の運送業に転じた。胃潰瘍で入院していたときも「甲子園に行くのをとめたら、団長の胃カイヨウはよけいに悪くなるわ。行ってもいいですよ」と医師の許可を得て、看護師付き添いで病院から甲子園へ通っていたという筋金入りのトラキチだ。

そんな松林氏がタイガースへの思いを込めて書いた本。発行は1984年4月、あの優勝の前年だ。つまり、20年間優勝から遠ざかっている状況で書かれたわけで、いきおい不甲斐ないチームへの叱咤や苦言が多くなる。選手に対しては愛情もあるが、フロントに対しては手厳しく、**〈阪神球団は人気におぼれ、ファンの上にあぐらをかいているのではないだろうか。／フロントに優勝する気があるのなら、もっとゼニを使っていい選手をとり、そして甲子園球場ももう少し快適な雰囲気となるよう改装すべきである〉**と主張。特に女子トイレをきれいにするよう進言しているのは先見の明ありだ。

類は友を呼ぶというか、松林氏が応援団長として見聞きした市井のトラキチたちの武勇伝もハンパない。とんでもないエピソードが実名で披露されていて、読んでるほうがヒヤヒヤするほど。ここでは名前を伏せるが、大阪市内で靴の製造販売会社を経営するヤジ将軍は、ある試合で球審と一悶着起こす。判定にヤジを飛ばしたところ、**「いま文句いったのは誰だ！」「わしや。わしや」「スタンドから、ストライク、ボールがわかる**

のか！」「お前よりようわかるわい！」「グラウンドに降りて来い！」「おのれこそ上がって来い！」「試合が終わったら話をつけてやる。おもてで待っておれ」「よしゃ。待っとったる」と、売り言葉に買い言葉の応酬に。そんな場面をテレビカメラにも写されて、「お父さん、甲子園に行くのはいいんやけど、馬鹿な真似をするのだけはやめてもらえへんやろか。嫁に行く年ごろの娘もいるのやさかい」と奥さんに懇願される始末である。

1972年8月の巨人戦でも事件は起こった。巨人の選手が球審のストライクの判定にクレームをつけた際、三塁側のスタンドから巨人ファンとおぼしき背の低いおっさんがグラウンドに飛び降り、ホームプレートのほうに駆けていく。すると、今度は体格のいい若い男が一塁側のスタンドからグラウンドに飛び降り、まっしぐらにそのおっさんめがけて突進、そのままおっさんの胸元に頭突きを食らわしたのだ。

吹っ飛ばされて大の字に倒れたおっさんは担架で運び出され、頭突き男は駆け付けた警察官に自ら両手を差し出し手錠をかけられた。その男、何かというとグラウンドに飛び出す名物男だったとか。実は三塁側から飛び出したおっさんも阪神ファンだったらしく、同士討ちとなったわけだが、まったくお騒がせにもほどがある。

そんなふうに、昔はファンがグラウンドに降りるのがさほど珍しくなかった。本書には、田淵がホームランを打つと大漁旗を持って一緒に走る男も紹介されているが、これは私も記憶がある。が、〈大漁旗をもって田淵と走る男は、一人ではなく三人組やった。交替で走っていたようやった〉とは初耳だ。〈島根県の境港（引用者注：境港は本当は鳥取県）から応援に来ているとのことだが、毎晩ごくろうさんなことでした〉って、仕事はやっぱり漁師だろうか。

1973年10月22日、最後の最後で優勝を逃した試合については多くの虎バカ本で語られているが、現場で先頭に立って応援していた人の話は臨場感が違う。

〈七回を終わった時点で、さすがの私も勝利をあきらめた。阪神ファンのほとんどが口惜し泣きしていた。巨人が得点をかさねるたびに、女性ファンは悲鳴をあげていた〉

あげくの果ては「こんな試合やめてしまえ！」と阪神ファンが一斉にテープを投げ込み試合中断。用意していたくす玉を割って「阪神タイガース優勝おめでとう」の垂れ幕が下がり、やけくその万歳三唱という地獄絵図。試合終了後、暴徒と化した阪神ファンがグラウンドになだれ込み、巨人ベンチを襲ったのは周知のとおりだが、翌日、松林氏は甲子園署に呼び出され、たくさんの写真を見せられたという。

〈それはきのう乱暴を働いていた阪神ファンの写真だった。ビールの空かんを投げようとしている者、テレビカメラを叩きこわしている顔、いつの間に写したのだろうか、数十枚の写真がならべられた。／「このなかに知っている顔はおらへんか」／係員は私たちにたずねた。／もちろん知っている顔は何枚もあったが、「知らない」「知らない」で押し通した。私も仲間は売れない〉って、カッコいいんだか情けないんだか……。

　あとがきで松林氏は'84年シーズンの展望を述べている。

〈バッキーの再来であるオルセンが二十勝、エース工藤が十八勝、伊藤が十五勝……〉とお約束の星勘定は１００勝を超える。実際は53勝69敗8分で4位だったわけだが、**〈掛布とバースのどちらも四十本、百打点の力はあるから、二人でのホームラン王と打点王争いは眼に見えているし、首位打者も三割五分台のハイレベルで掛布と真弓のどっちかが獲得するのは火を見るよりあきらかや。それに岡田、佐野などが加われば確実に往年のダイナマイト打線が復活する〉**との期待は翌年現実のものとなった。

'85年の虎フィーバーは社会現象となり、「トラキチ」が新語・流行語大賞の銀賞に選ばれ、松林氏がファン代表で受賞。'87年に応援団長を引退してからも一ファンとして甲子園に通い、２００８年9月15日に83歳で死去。'03年と'05年の優勝を見れたうえ、'08年も9月時点で首位だったから、優勝を信じて逝ったに違いない。トラキチとして完全燃焼の人生だったのではないかと思う。

006

タイガースへの鎮魂歌《レクイエム》

玉木正之／河出文庫／1991年（親本は1988年）

タイガースの野球、タイガースファンの気質を縦横無尽に語り尽くす

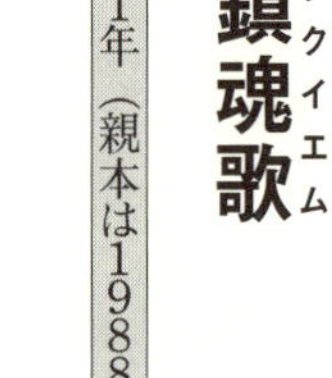

「鎮魂歌」とは本来、死者に捧げる歌である。字義どおりに受け取れば、タイガースはすでに死んでいるということになるが、中身を読めば逆説的な期待を込めたタイトルであることがわかるだろう。

スポーツジャーナリズム界の重鎮でありベテランの虎バカである著者が、1982年から'87年にかけて発表したタイガース関連の原稿をまとめた一冊。タイガースのどこが魅力なのか、タイガースファンとはどういう人種なのか、'85年の虎フィーバーとは何だ

ったのか……といったことを、軽妙洒脱に論じてみせる。

著者のスタンスは明快だ。それはプロローグの次の一節に集約される。

〈勝てばうれしい、負ければ悔しい。――それは当然のことだ。が、スタジアムの観客席に座り、夜空に高々と白球が舞い上がるとき、また、その球を追った選手が見事なダイビング・キャッチを見せたとき、勝敗などという〝日常的些事〟は消え失せ、真にスポーツの醍醐味というべき〝非日常的快感〟が全身を貫く〉

そう、勝ち負けよりも快感、面白さにこそ価値があるのだ。〝常勝〟なんてつまらぬ看板は読売ジャイアンツに任せておけばよいのである。

そんな価値観をベースに、タイガースの野球、タイガースファンの気質について、縦横無尽、変幻自在に語り尽くす。漫才風の掛け合いがあるかと思えば、「野球政治学」なんて架空の学問分野の論文の体裁を装ったものなど、趣向を凝らし飽きさせない。'85年の優勝直前、「本当に優勝するのか？」と疑心暗鬼になるファン心理を活写した「虎狂八景亡者戯（とらきちばっけいもうじゃのたわむれ）」は、落語の演目をもじったもの。祝祭空間としての甲子園の素晴らしさを余すところなく描いた「プロ野球二都物語

――甲子園詣」は、読んでるだけで気分が高揚する。

タイガース人気を支える関西文化についても論じつつ、返す刀で巨人ファンの愚かさを憐れむことも忘れない。

「東京では大のおとなが巨人を応援してるでしょ。それ見ると、言葉は悪いけど、阿呆ちゃうかいなと思いますね。こいつら、まだケツ青いのとちゃうかなあってね」とは、関西のトラキチ男性O氏（三十歳）の言葉。まだ物事の分別がつかない子供のうちは巨人ファンでも仕方ないが、中学生ぐらいになれば〝元服〟して阪神ファンになるのが関西では当たり前のことなのだ。ところが、関西にも大人の巨人ファンは少なからず存在する。それについて**「ちょっと神経疑うね。親の教育が悪かったのか。中学のときの担任が悪かったのか……。でも、おとなのクセに、あんな巨人の野球のどこがおもろいのかなあ。まるで、カラヤンの指揮する音楽みたいに、ただ整然と整ってるだけでしょう」**と言うO氏は、実は大阪フィルハーモニーの団員なのだった。

ことほどさように、古くからの虎ファンなら思わずひざを叩く話が満載。いわばタイガースファンのバイブルとも呼ぶべき名著である。親本は'88年、文庫版は'91年の発行だから、暗黒時代の始まりの時期。文庫版あとがきで、著者は次のように述べている。〈あのときの大フィーバーの余韻がすべて跡形もなく消え去り、あのときの興奮があらゆるひとの頭のなかから完全に消滅するまで、タイガースは逼塞するほかないのだ。（略）そして、《後には何も残らなかった》ということがはっきりと確認されたとき、タイガースはつぎの《祭り》に向けての準備に入るに違いない。（略）できれば、この文庫本の出版が、あのときの《祭り》の残滓を決定的に払拭するための一助となることを祈りながら……。そして、つぎの《祭り》の幕開きが近いことを願いながら……〉

まさにその翌年の'92年に〈祭り〉が起こったのは、著者にとって望外の出来事だったろう。そして、２００３年にまた突然の〈祭り〉がやってくるわけだが、'92年には新庄がいたし、'03年には今岡がいた。やはり祭りには〃お祭り男〃が必要なのだ。今の阪神でその役を担えるのは誰か……と考えたときに、パッと思い浮かばないのが残念だが、きっとそれは突然現れるものなのだろう。

007

阪神ファンの変態的快楽

岡本さとる／有朋堂／１９９６年

暗黒時代真っ只中に切々と訴える阪神ファンの自虐的愉しみ

１９８５年とか２００３年とか、優勝した年に虎バカ本が出るのは当たり前といえば当たり前だ。私が編集した『タイガースファンという生き方』（メディアファクトリー）は’99年の出版だが、そのときは野村監督就任というトピックがあった。本も商品なので、出す以上はやはり何かしらきっかけというか，理由づけのようなものが必要なのだ。それなりの説得力ある「企画趣旨」がないと、会議を通らない。

しかし、何事にも例外はある。この『阪神ファンの変態的快楽』は、話題性も何もな

い'96年秋に出版された（一応自費出版ではないと思う）。'96年といえば、球団ワーストの84敗を喫して最下位となった前年途中に休養した中村勝広に代わって監督代行となった藤田平がそのまま監督に就任したシーズン。開幕から順調に黒星を重ね、箸にも棒にもかからず2年連続最下位という、まさに暗黒時代真っ只中に出た本だ。強いていえば、「あまりにもひどすぎ」というのがトピックか。

そんな状況であるからして、中身はボヤきと嘆きに満ちている。

「はじめに」で、いきなりこんなことを言う。

〈ここ数年、「阪神ファンです」と言った時に感じる世間のヨソヨソしさがやりきれないでいる。／そのヨソヨソしさとは、例えば明らかにカツラを被っているとわかっている人の前で、「ハゲ」だとか「薄い」とかの言葉をついつい発してしまった後の気まずい沈黙に似た、何とも言えない、話題の即時変更が求められる独特の嫌な空気なのである。／すなわち、阪神ファンという者は、「かわいそう…」なのである〉

いや、そこまで卑屈にならんでも……。とはいえ、当時を思い出せば、確かに我々は「かわいそう」だったような気もする。

本文は、まず「ファンの語源」から話が始まる。英語のFANの意味を辞書で調べ、〈〝ファン〟は狂っていなければ〝ファン〟とは言えない〉と指摘。〈今日本で、本当の意味でのファンの語源を正しく守っているのは、「ジャニーズファン」「宝塚ファン」そして「阪神ファン」の三つである〉という意見にはなるほど納得。

サブタイトルに「阪神ファンに生まれいずる悩み…。」とあるように、大阪出身の著者が自分も含めた阪神ファンのトホホな生態を語るのだが、その筆致は軽妙だ（ちなみに著者の本業は時代劇を中心とした脚本家・演出家）。「阪神ファンの一年」と題した章では、開幕戦を迎えて高鳴る気持ちをこんなふうに綴る。

〈何と言っても勝てば確実に〝首位〟なのだ。／単独首位とはなれずとも3チームが同率で首位なのだ。いや、雨でも降ってヨソの試合が流れたらその可能性だってある。／首位——シュイ——しゅい——SHUI／何と輝きにあふれた素敵な響きだろう〉

なぜローマ字で言うのかはともかく、そうは問屋がおろさないのが阪神である。

〈しかし、我々の声援虚しく、ほとんどと言っていいほど、開幕戦でまず〝最下位〟となる。／忘れていた——、負ければ確実に最下位になることを〉

さらに開幕戦ならではの事情も指摘。

〈だいたい、ヨソのチームの送りこむピッチャーは、「今年はこいつで決まりや！」という必勝態勢でマウンドに上がるエースピッチャーである。／「とりあえずエースはいてへんけど、こいつにしとこか」系のピッチャーが投げ合って勝てるわけがない〉

〈考えてみれば阪神以外の球団――すなわち巨人、中日、横浜、広島、ヤクルトでエースと呼ばれるピッチャーの条件は、「阪神には負けない」ではないだろうか〉って、どんだけ卑屈になってるのか。

ちなみに当時の阪神の開幕投手は、'93年・仲田幸司、'94～'95年・湯舟敏郎、'96年・藪恵壹、'97年・川尻哲郎。対して巨人は'93～'97年・斎藤雅樹、中日は'93～'96年・今中慎二、'97年・山本昌である。こりゃまあ確かに勝ち目がない。

昔は阪神にも真のエースがいたのになあ……というわけで、江夏豊の思い出についても語っているのはいいのだが、〈最近の選手に言いたい。「あそこまで肥えてみろ」〉って、それはちょっとどうなのか。

王貞治の14年連続ホームラン王を阻止した田淵を讃えていわく、〈これはとにかく凄いことだ。翌51年、52年は王が再びホームランランキングに返り咲いているから、この田淵の阻止がなければ16連続となっていたわけである。／16年ということは生まれた子供が高校生になるまでずっとホームラン王のタイトルを一人の選手が取り続けることになる。それを中学生で止めた田淵は偉い〉って、ほめるポイント、そこっすか⁉

とか何とか言いつつも、〈私はごく平均的などこにでもいるくらいの阪神ファンである〉という著者の発言には共感する部分が多い。世代的に近いこともあり、'85年の優勝の日の回想シーンには思わず目頭が熱くなる。'03年と'05年に優勝してるからまだ冷静に読めるものの、そうでなかったら号泣だ。

そして、阪神ファンは早死にするという説に対しては、絶対にありえないと断言。なぜなら**〈長生きしないと何回も阪神タイガースの優勝を見ることができない〉〈それに、今だに阪神の応援を真剣にしている奴は皆アホだ。／アホは風邪ひかん。／風邪は万病の元であるから、阪神ファンは病気にかかりにくいのだ〉**と。

まあ、それ以前に「阪神ファン」という不治の病にかかっているのだから、そのへんの病気に負けないぐらいの免疫ができているのかもしれないが。

008

猛虎復興計画
これでも「大阪の恥」なんか!!

摂津守桃丸／同文書院／1996年

大震災で打撃を受けた神戸よりも復興の気配が見えない阪神への檄文

いささか挑発的なタイトル。第一章はいきなり「脈は、まだあんのか?」とくる。だが、このきつい物言いには理由がある。

まず1996年2月という発刊タイミングを考慮しなければならない。前年の'95年は、前回の優勝から10周年にして球団創設60周年の記念すべき年だった。そしてまた、阪神淡路大震災が起こった年でもある。神戸を本拠地としたオリックス・ブルーウェーブは、「がんばろう神戸」のスローガンを掲げ、見事にリーグ優勝を果たした。

それにひきかえ我らが阪神タイガースは、前項でも述べたとおり、開幕5連敗を皮切りに面白いように黒星を重ね、終わってみれば46勝84敗という球団史上最悪の負け数を記録し最下位に沈む。シーズン途中で休養した中村勝広に代わって指揮を執った藤田平代行監督が、そのまま監督に昇格して迎えるのが1996年シーズンだった。

震災からの復興をめざす神戸の街よりも、ある意味壊滅的で復興の糸口さえ見えないのが当時の阪神だったのだ。そりゃ、虎バカとしては文句のひとつも言いたくなるし、きつめの言葉を使いたくもなろう。

そんな、ほぼ〈死に体〉のタイガースを、いかにして蘇生させるか。地元神戸出身の著者が考えた処方箋が次々と提示される。

〈チーム名が悪い。甲子園タイガースに変えなはれ〉というのはシャレとしても、〈フロント介入による失敗、この伝統をどないかしなはれ〉〈「伝統がどうたら」て言う前に、一体その「伝統」て何の「伝統」なんか、考えてみなあきまへんわ。「屈辱の伝統でっか?」「トラブルの伝統でっか?」「恥の伝統でっか?」〉〈現場の状況を把握でけるフロントやないとあかん〉と、フロントへの苦言は真っ当すぎるほど真っ当だ。

さらには1年間の「休団」を提言。大震災による親会社・阪神電鉄の経済的打撃を鑑みて、〈一年間、休みなはれ。選手は、他の球団にレンタルして、レンタル料もろて、そのお金を親会社の建て直しに使ぉたらえぇねやがな〉〈選手かて、ファンかて、タテジマから離れて、「タイガース飢餓状況」をつくった方が、ええ結果が出るかも知れへん。復活したときには、より燃えるはずや〉って、セ・リーグ5球団ではリーグ戦やりづらいだろう。でも、それくらいの荒療治をしなけりゃどうにもならないぐらい、当時のタイガースがダメダメだったのは事実である。

第二章は「脳は、まともなんか?」と、これまたきつい。が、〈いっぺん球団首脳の頭かち割って脳ミソ入っとんかどうか見てみたい」／タイガースファンのほとんどが、そない思てるはずですわ〉というセリフも当時としてはうなずける。

とにかく全編通して球団フロント、親会社の電鉄、さらにはマスコミへの苦言とボヤきがてんこ盛り。愛ゆえの叱咤なのだろうが、ちょっとくどいかな……と感じたあたりで荒唐無稽なネタをぶっ込んでくるのはさすが関西人というべきか。

今（'96年）のタイガースには「チームの顔」になる選手がいないということから、市立尼崎高校出身で〈もともと阪神に入るべき選手〉だったヤクルトの池山隆寛にラブコールを送る。池山が戻ってくれれば、池山と仲のいい清原和博も来て、そうなると桑田真澄、野茂英雄、古田敦也、松井秀喜までが芋づる式に阪神入り……と妄想は広がる。

ほかにも〈甲子園を貸すかわりに、高校球児優先指名権をもらおや〉〈オリックスにイチローのリースで交渉してみたらどないや。それやったら、金はなんぼ使てもかめへん〉〈近鉄に支援合併してもろて、一年交代で優勝や〉〈吉本との合体が、一番しっくりくるんやけどなぁ〉〈オーナー制を廃止して、スポンサー制で再生しぃ〉〈監督公選制で、金儲けしもってファンの信頼を得るんや〉〈いっぺん、選手の年俸をどん底まで下げてみたらどないやろ〉など、共感したりしなかったりの妄想が多数。

そうかと思えば、船木聖士、中ノ瀬幸泰、林純次、曽我部直樹を指名した'95年秋のドラフトを〈高校生を指名して、うまいこと育てるんが苦手な阪神だけに、それなりに育っとう選手、いわゆる即戦力を指名するるんは正解ですわな〉と評価する。が、〈このドラフトが正解である理由はもう一つおます。彼ら四人とも、揃ってルックスがよろしくない。特に一位の船木、二位の中ノ瀬なんかは「ほんまに野球でけんのかいな」てなすっとんきょうな顔です〉ってのはあんまりだ。

項目によって言ってることが矛盾してたりもするけれど、それも愛ゆえと思いたい。ちなみにこの年、中日ドラゴンズ監督に復帰した星野仙一について〈昨季、借金三〇を抱えたチームやのに「優勝を目指す」てな言葉を吐いても、ただの大口と思わせない雰囲気がありますわ。監督が代わっただけで、チームを見事にイメチェンさせてまいよる〉と述べている。その星野監督がのちにタイガースを復興させることになるのだから、不思議なめぐり合わせである。

009

トラの母

歌橋正子／扶桑社／1999年

阪神ファン以外入店禁止の居酒屋「とら」の名物ママによる回想記

東京の阪神ファンが集う店として知られる居酒屋「とら」の名物ママだった歌橋《うたはし》正子《まさこ》さんが、その半生とタイガースにまつわる思い出を綴る。

開店は1975年。トラキチだった亡き夫の「東京にも阪神ファンだけが集まって、心置きなく飲めるような店があったらいいのになあ」との願いを実現しようというのが一番の動機だったが、正子さん自身も熱心な阪神ファンだった。

〈この本を読んでくださっているみなさんにはお判りいただけると思いますが、これも

阪神ファンの習性なのでしょうか、ふつうに街を歩いていてもどうしてもトラの絵や写真、トラという字に目が吸い寄せられてしまうのです〉というほどで、ショーウインドウで目についたトラの毛皮風のコートを衝動買いしてしまうのだから重症だ。

それもそのはず、実は正子さんは高知県安芸市の老舗旅館の娘で、そこが阪神のキャンプの宿舎になっていた。そりゃどうしたってファンになるしかないわなあ。「とら」を始めてからも、キャンプの時期は里帰りし実家の旅館を手伝っていた。当然、選手とも身近に接するわけで、若き日の掛布の食事のとり方がひどすぎると心配したり、文字どおり〝トラの母〟なのである。

「とら」の店先には「タイガースファン以外は入店できません」の張り紙があった。関西ならどうということもないが、アウェイの東京ではやはり刺激が強いのか、開店当初は嫌がらせも多々あったという。〈イタズラ電話や嫌がらせの手紙、店の壁にペンキで落書きされることなど日常茶飯事。店の前に停めておいたお客さんの自転車が盗まれたこともありました〉とは、心ないヤツがいるもんだ。とはいえ、落書きはともかく自転車はたまたま通りすがりに借りパクされただけでは……と思いきや、店にいた客が総出で探したところ、近所の空き地に投げ捨ててあるのを発見。**〈自転車のカゴには、「優勝するのは○×軍。ダメ虎は引っ込んでろ」と書かれた紙が入っていました〉**って誰だ、そんなひどいことするのは！（「軍」と名乗るのはあの球団しかないわけだが）

張り紙だけではニセ阪神ファンが入ってくるかもしれないというんで、店の入り口に「踏み絵」を置いたらどうだというアイデアが客から出たことも。「それは面白い」と盛り上がり、桑田真澄の写真を置いたら、これが大ウケ。みんなが思う存分踏みつけながら、店に入ってくるようになったという。

しかし、最初のうちは正子ママも笑って見ていたものの、〈もしこれとまったく同じことを阪神の選手が他球団のファンにやられたら、どんなに嫌な思いがするだろう……〉と思い至ってやめることに。

〈正直言って私はあの桑田投手が好きではありません。大嫌いです。しかし、考えてみればそれもやはり、巨人の「目的の為には手段を選ばない。結果さえよければ何でもよし」とする体質があの選手をああいうダーティなイメージに染め上げたのではないかと思うのです。ですから「巨人を憎んで選手を憎まず」の気持ちで、それ以来巨人選手の

踏み絵はやめたのです〉とは、さすが人間ができている（のか？）。

そんな正子ママの甥（当然トラキチ）のエピソードもすごい。大学受験で立教大学を受験し合格したのはいいが、長嶋茂雄の母校と知って「知ってたら立教なんか受けなかったよ」とガックリ。さらに立教が村山実を「背が低い」という理由でセレクションで落としたと知り憤慨。「俺、気分悪いから学校辞めるよ」と言って本当にやめ、翌年上智大学に入り直したというからあっぱれというかアホというか。

つーか、そもそもなぜ長嶋が立教出身と知らないのか。〈なにも長嶋が出た学校に行かなくても……」と心の中で思っておりました〉という正子ママによると**〈阪神に肩入れするあまり、他球団、特に巨人の情報などには耳をふさいできた彼は、立教が景浦将が中退した大学であることは知ってはいたものの、そこが長嶋の出身大学であったことなどまったく知らなかった、というより、長嶋が大学を出ていたことすら知らなかったと言うのです〉**。確かに長嶋の言動は大学出の人間とは思えぬところがあるが、そこまで巨人の情報をシャットアウトしてたとは、これまたあっぱれというかアホというか。

そして本書にはもうひとつ、衝撃の真実が綴られていた。

天覧試合の長嶋のサヨナラホームランを、昭和天皇がのちに「あれはファールだったね」と言っていたというのである！　正子ママの夫の友人のYさんという人が県人会で天皇陛下の侍従のIさんに会ったときに聞いた話だというから間違いない。村山自身もその話は耳にしていたらしく、**〈そのことを村山さんは本に書きたいとおっしゃったのですが、あの試合で塁審をつとめていたAさんが、それだけは勘弁してくれと泣きつかれたので、村山さんも断念したそうです〉**って、こんなスクープを日本の大マスコミはなぜ報道しないのか！　ドンドン！（机を叩く音）

心に残る客のエピソード、選手との交流など、話題は尽きない。懐かしい選手たちとのツーショットやサインの寄せ書きなど、お宝写真も満載。ここまでいくとファンというより、もはやチーム関係者である。

私も同店には行ったことがあるけれど、そのときはすでに2代目店主（歌橋さんが高齢のため店を閉めるというのを常連客が2005年に引き継いだ）に代替わりしていたので、正子ママにお目にかかったことはない。もっと早く行ってればよかった……と今さらながら思うのだった。

010

ライトスタンド
虎ファンだけの写真集

シャノン・ヒギンス／幻冬舎／2003年

甲子園ライトスタンドの熱狂と人生模様を切り取る写真集

一度でも甲子園で阪神タイガースの試合を見たことのある人なら、心と体に刻み込まれているはずだ。通路を抜けてスタンドに足を踏み入れた瞬間の開放感、黄色く染まったスタンドがヒッティングマーチとともに揺れ動く高揚感。ほかの球場とは明らかに違う磁場というか魔力というか、そんな何かが甲子園にはある。負けていても最後の最後まで盛り上がるが、勝っていればもちろんなおさらだ。一度味わうと病みつきになって、また行きたくなる。東京在住の私も年に2～3度は甲子園詣でをせずにはいられない。

そんな甲子園のなかでも熱いファンが集まるライトスタンドの熱狂ぶりを写した写真集が本書である。著者（というか撮影者）は、『英語で阪神タイガースを応援できまっか？』（朝日新聞社）などの著書でも知られるトラキチ外国人カメラマン、シャノン・ヒギンス。〈阪神ファンになって19年。ファンとしてライトスタンドの魅力に取り憑かれて15年。仕事で甲子園を撮りだして10年〉の著者が、〈同じ阪神を愛する一人のカメラマンとして、ファンの鼓動、そしてライトスタンドの轟をなるべく多くの人に伝えたい〉という思いを込めて撮った写真が140点収録されている。

刊行は2003年8月。撮影時期は明記されていないが、おそらく2002～'03年のものが中心だろう。全身黄色と黒で決めたオバチャン、疲れて眠る子供を膝に乗せたままメガホンを振るお父さん、通路脇の塀の上に立ちトランペットを吹く応援団員、フェイスペイントをした虎ギャル、懐かしい〝ムーアひげ〟をつけた男の子……。どの顔も歓喜と興奮に満ちている。〈持ってるだけで勝ち運がUP！〉という帯のアオリ文句はどうかと思うが、画面からは確かにトラキチたちの熱気が伝わってくる。

個人的に好きなのは、左の写真だ。

チャンスを逃したとおぼしき場面で、みんなが「あー」と言っているのがわかる。うまくいったときよりダメだったときのほうに共感してしまうのは古株ファンの悪いクセだとは思うのだが、そういう体質になってしまっているのだから仕方ない。

にしても、ただ甲子園のファン、つまり一般人を写しただけの写真集なんて、よく企画が通ったものだ。自分が写っていれば買ってくれるだろうという計算もあったかもしれないが、これも2003年ならではの現象だろう。とはいえ、これで1300円はちょっと高いかなあ……と思いつつページをめくっていたら、最終ページに記された一文に虚を衝かれた。

シャノン・ヒギンズ『ライトスタンド』（幻冬舎）より

ネタバレになるが触れないわけにはいかない。それは著者がライトスタンドで出会った一人の若者について綴った文章だった。当初、ライトスタンドの応援団にカメラを向けることにややビビっていた著者に「俺の写真撮ってよ」と声をかけたのが、「梅虎会」の団員・荒木和哉氏。彼のおかげで他の応援団員たちとも打ち解けることができ、〈いつのまにか、ライトスタンド中の応援団の面々をフイルムに収めていた〉という。

しかし、2003年7月5日、ライトスタンドで「今度はちゃんと写真送ってくださいよ」「来週持ってくるよ」という会話を交わして別れた翌朝、荒木氏は交通事故で帰らぬ人に……。そう、彼は一度も阪神の優勝を見ることなく、この世を去ったのだ。

そして、そのページには応援団のハッピを着て、拳を突き上げる人の好さそうな若者の写真が……。いやいやいや、反則でしょう、コレ！　人生一寸先は闇とはいうけど、まさか最後にこんなどんでん返しがあろうとは……。

もう優勝は3回も経験したけど、とにかく行けるうちになるべくたくさん甲子園に行っておこう、と思う私であった。

第2章

便乗虎バカ本

タイガースファンはお祭り好きだ。何年かに一度、タイガースが快進撃を見せたなら、ここぞとばかりに盛り上がる。その虎フィーバーに乗っかってイケイケドンドンで作られた虎バカ本。即席でもいいじゃない、そこに愛があるならば。

011

獣王無敵！嗚呼タイガース

シーズ編集部編／シーズ／1985年

便乗本ならではの即席感に満ちながら生々しい虎ファンの声をすくい取る

これぞ便乗本！　という即席感に満ちている。

もくじを見ると「甲子園球場熱狂レポート」「潜入！　東西猛虎ファンの店」「虎に魅せられた人たち」「蘇るタイガースの50年」「めいっぱいタイガース・グッズ」と、5秒で思いついたような定番企画が並ぶ。ハンパにひねったネタを入れようとしない思い切りのよさが、いっそすがすがしい。

まずは「甲子園球場熱狂レポート」。阪神梅田駅からスタートして、甲子園球場に到着し、試合前の練習、スターティングメンバーの発表、それに対するスタンドの反応を順次レポートする。試合が始まれば、刻々と戦況を追いながら、応援の様子やトラキチたちの声を拾う。

　この年、主力捕手となった木戸に対して〈〝背番号（田淵の22番）が死んでると思ったけどね（笑）〟〝法政の鴨田監督がさ、木戸がプロで通用するのは人間性だけだと思ったって（笑）〟〉。ロッテから移籍のいぶし銀・弘田には〈〝地味だけど、阪神に今までいなかったタイプでいいですよ〟〝浮き上がってるってことじゃなくて、変にベッタリじゃないところがいいですね〟〉。期待以上の活躍をする選手に阪神ファンは寛大だ。

　一方、工藤や伊藤には手厳しく、〈〝伊藤だって工藤だって小っちゃい時から野球やってきたんでしょう。野球に対する気持ちってのがどうなってんのかと思うよ。それでいて、感覚だけは自分は人気のあるエースだって思ってるところがあるじゃない〟〝思ってんのぉ？　そんなに評価されてるとは思ってないんじゃないの。自信ありげに投げてるとこなんか見たことないもの。すぐ泣きそうな顔しちゃうし、工藤なんてちょっと打たれるとしゃがみこんじゃってるでしょ〟〉と言いたい放題。

球は速いのにコントロールの悪い伊藤については〈〃オールスター明けの大洋戦でも、途中から出てきて田代を三球三振に打ちとったでしょう。で、次の回ピッチャーから始まる時にいきなりフォアボール出してね。何を考えてんのかって言われてたけど、伊藤はそれの繰り返しだからね、毎年〃〃で、また、あの人やさしいのね。原にデッドボールやった時、原がマウンドにつめよってきたのよ。そしたら帽子をとってオジギしてね。あんなのグラブでひっぱたいてやりゃいいのよ（笑）〃〉って、そんなことしたら乱闘必至である。

バースにはもちろん大絶賛&大感謝の声しかないが、〈〃**心配なのは、昨年亡くなられたオヤジさん以外にも親戚のオジサンがたくさんいて、またいつオクラホマに帰るんじゃないかと（笑）、それだけが心配です**〃〉という冗談が、まさか長男ザクリー君の病気で現実のものになるとは、このときは誰も予想だにしていなかった。

そんな調子で試合終了後の六甲おろしの大合唱まで（この日は中日相手に2－0で勝利）みっちり追っかけ。62ページにわたる観戦記は読みごたえがある。

しかし、読みごたえあるのはここまでだった。何しろこの観戦記だけで本全体の半分弱を占めているものだから、残りは駆け足というか薄味だ。
「潜入！　東西猛虎ファンの店」は、大阪・南区の「若虎」と東京・東中野の「とら」を各5ページずつ紹介するだけ（ほかに13店の住所・電話番号・営業時間だけ記載した一覧表あり）。「虎に魅せられた人たち」は、「歴代ベストナイン」「ミスタータイガース」「優勝したらどうするか」「江川についてどう思うか」などのお題について、阪神ファンへのアンケートと取材を基に構成。「蘇るタイガースの50年」「めいっぱいタイガース・グッズ」は単なるデータのみで、ページ稼ぎの感がありありだ。

それでも、作り手の阪神ファン魂は感じられる。即席なれど、やっつけ仕事とは違う。アンケートに「巨人が広島に勝つと阪神が首位となる状況で、巨人に勝ってほしいか」なんて設問を入れるあたり、「わかってるね！」という感じがする（結果は「勝ってほしくない」が42％、「勝ってほしい」が30％）。

〈〝あわよくば、優勝してほしいですよ。でも、優勝しなくてもかまわんのです。ぜったい優勝やというても、阪神ファンの半分は優勝するとは思うてないでしょ。優勝こだわってたら、10何年も20何年も阪神ファンやっとられへん。今年なんか予想外ですわな。

ここ一番、勝たないかん！　いうところで負けるのが阪神のええとこやから（笑）。で、負けたからいうて、アホタレ！　て甲子園行かないかいうとそんなことあらへん。びっちり応援行きますわホンマ、出勤簿おいとるくらいなもんで（笑）〟〉

単に虎フィーバーに乗っただけの本なら、こんな言葉は拾えまい。

012

大爆発 トラキチやでぇー

全日本トラキチ・バンザイ連盟編／二見書房／1985年

’80年代〝軽チャー〟丸出しの最狂トラキチ言行録

トラキチの常軌を逸した言行を集めた本はいくつかあるが、そのなかでも〝最狂〟の部類に入るのが本書。その名も『大爆発 トラキチやでぇー』という。

発行は1985年10月1日。虎フィーバーの勢いそのままに、というか勢いだけで作った感じ丸出し。㊎㋪でベストセラーとなった『金魂巻』をパクったようなスタイルで、いかにも’80年代っぽいヘタウマ風イラストや軽～い文体が今となっては懐かしくも恥ずかしい。

「正義のために江川と正力のタイホを企てる熱血警察官の情熱」「天王寺公園の〝怪人〟が持つ謎の阪神メンバー帳」「ボクは地獄の〝阪神特訓〟で、巨人親衛隊の女房をトラキチに変身させた」「掛布誕生日に出産をあわせ、子づくりレースに励む謎の女トラの正体は？」「アソコに『彰布命』と書く女子高生」「皇族は阪神ファン（？）トラキチ大長老の大胆な主張」など、東スポを彷彿させるような見出しが並ぶ。中身のほうも東スポ同様、「ホンマかいな？」とマユにツバをつけたくなるネタも多いのだが、「それはないやろ！」と言い切れないところがトラキチの恐ろしいところである。

なかでもグッときたのは「仏の善さん、カクレ虎の正体をあらわす」というネタ。千葉の釣り仲間（ほとんどが巨人ファン）が集まった釣り船で「江川ちょっと手抜きしすぎるんだよ」「西本のシュート、あれは打てん」「シノヅカ、うまいねー」といった巨人談義が交わされるなか、〝ホトケの善さん〟と呼ばれる温厚な男性（関西出身）が突然、「静かにして下さいよ」とキツい口調で言う。「いいじゃないですか、潮止まりですし」「野球知らねんじゃ、しょあんめい」という巨人ファンたちの声に善さんは激高！

「なんじゃい、巨人のアホども。オンドリャー、応援のやり方もよう知らんと、ガタガ

タぬかすな！」と叫んだかと思うと、「**北に〜六甲をおがみー、南に須磨の海をのぞみー、われらが阪神、蒼天カケルー、ここに今起たんー**」と堂に入ったエール。さらに「**巨人に非ずんばプロ野球に非ずといわれるが、本物のプロこそ、阪神で非ずんば、なににあろうや**」などと演説をぶって、最後は巨人ファンの面々に「六甲おろし」を歌わせたというのだから素晴らしい。

同じく六甲おろし関連ではこんなネタもあった。

「巨人があるからプロ野球は繁栄する。会社もそういうものだ。社があるから私たちはあるのだ」とのたまう巨人ファンの部長。お気に入りの部下を巨人戦に連れていき、一緒に応援させたりもする。その部長に、思わず「巨人ファン、あんなもんアホの集まりや」「ギャーギャーガキの見るもんや」と言い放った阪神ファンの男が左遷されることに。その送別会で部長の型通りのあいさつのあと、阪神ファンの若手社員が「六甲おろしを歌いましょう！」と言いだし、二人で〝国歌斉唱〟。すると、最初はシーンとしていた出席者たちも一緒に歌いだすではないか！　部長の手前隠していたが、実は阪神ファンが多かったのだ。部長は怒りで顔を真っ赤にして席を立つ。その後、その若手社員は会社を辞めたが、後悔はないという。

そりゃもう当然の行動というか、会社員としては失格でも、人間として正しい選択と言わざるを得まい。

そうかと思えば、関西の某大学出身の中小企業の係長が、大学のクラス会を甲子園のライトスタンドで開催したら、平日にもかかわらず32名中21名が駆け付けた……なんて話にもシビレる。

あとがきにいわく〈はっきりいって、阪神ファンはアホや。アホの見本みたいな人間が、阪神を応援しとる。イヤ、そうじゃない。阪神を応援しとると、しらぬ間にアホになっていく、とゆうたほうがおうてますやろな〉〈世の中は、そういうアホ・バイタリティーによって、発展するもんやが、みな、この本をヨーく読むとアホになるさかい、ほどほどにせんとあきまへんで〉。

謙遜なのか自虐なのか自慢なのか、よくわからない。この複雑微妙な感覚、「常勝」を旨とする巨人軍とそのファンには、一生理解できないだろうなあ。

013 トラトラ優勝ゲームブック

堀井憲一郎編／サン出版／1985年

'85年優勝のカギとなった31試合の大事な場面であなたの采配は!?

2003年の8月後半から9月前半、ヤフオクで落としまくったチケットで、今日は神宮、明日は甲子園と飛び回っていた私。そんなある日、ナゴヤドームの正面入口前で突然「新保さん！」と声をかけられたのである。誰かと思ったら、コラムニストの堀井憲一郎氏だった。昔、日テレの「TVおじゃマンボウ」に出てた人、あるいは「週刊文春」で「ホリイのずんずん調査」を連載してた人といえばおわかりだろうか。

堀井氏も熱心なタイガースファンであり、阪神本の記事などで何度かコメントをもらっていた。'03年も当然のように取材していて、その何日か後にナゴドで会ったもんだから奇遇といえば奇遇だが、必然といえば必然。堀井氏も、今日は横浜、明日はナゴドと飛び回っていたのだから……。

その堀井氏が中心となって作ったのが、この『トラトラ優勝ゲームブック』。1985年の優勝時に出た虎バカ本のなかでも異色というか珍品の部類に入るだろう。

そもそも「ゲームブック」というのが若い人にはわからないかもしれない。紙の本によるRPGとでもいうか、ストーリーの随所に分岐があり、「Aを選んだ人は○ページへ」「Bを選んだ人は×ページへ」みたいな指示に従って読み進むもので、まだファミコンの『ドラゴンクエスト』が出る前の一時期、ちょっと流行ったのである。

で、肝心の中身だが、'85年のタイガースの試合のうち、重要な31試合が再現されており、その試合のピンチやチャンスで試合が中断されている。そこで読者はAかBかの選択を迫られ、その結果によって勝ったり負けたりするという仕組み。それでいくつ勝ち星を積み上げられるかに挑むわけで、RPGというよりクイズに近い。

ただ、普通のクイズとちょっと違うのは、現実の試合と同じ選択肢を選べばいいわけじゃない、というところ。たとえば〈第1試合〉は広島との開幕戦がお題である。〈開幕第1戦は昨年の日本一・広島。吉田新監督にとっては何としても初戦を勝利で飾りたい。しかし3回3点とったものの、6回、池田が長内に2ランを浴びKO。頼みのクリーンアップが11打数6三振と全くふるわず、その後3対3のまま10回の攻撃。ここでやっとチャンス。代打・北村が中前打を打ったのだ〉

そこで、吉田監督になったつもりで作戦を選ぶ。

〈よし。とにかくチャンス拡大や。バントしてくれ〉がA。

〈真弓のバッティングを信じよ。強攻策や。打て!!〉がB。

さて、あなたの采配は？

Aを選んだあなたは〈バント成功したけど、北村が隠し球でアウトや。ドヘ〉ということで結局3－4のサヨナラ負け。

Bを選んだあなたは〈成功や!!　真弓のヒットに続いて弘田がタイムリーや!!〉ということでバース、掛布、岡田も続き、この回5点を奪って8－3で勝利。

ご承知のとおり、現実はAだった。が、〈Bを選んだ人のみ1勝プラス〉で、つまり、このゲームブックのなかではBが〝正解〟なのである。

この調子でいろんな試合のいろんな場面で判断を下していくのだが、30年以上経った今読んでも結構覚えているのが我ながらアホで笑う。

しかし、実は31試合が終わってからが本書の真骨頂。その時点での勝利数によって、進むべきページが分かれるのだ。しかも、そこから先は現実無視のミラクルも用意されていて、勝利数の少ない人でも〈バース7連続本塁打〉〈空前絶後！　9者連続本塁打‼〉などで奇跡の逆転優勝ができるようになっている。現実の優勝パターン以外の結末では、すべて巨人相手に劇的勝利で優勝決定というのも素晴らしい。

虎バカたちが21年ぶりの優勝に浮かれて〝思わず作ってしまった〟感ありあり。欄外に手書き文字で〈ホームラン、ホームランバース！〉〈まかせた中西！〉〈ほんまに優勝でんがな！〉〈真弓さ〜ん！　打ってェ！〉とか書いてあるのも手作り感満点だ。

そして今、本書のページを繰りながら思うのは、これを当時ルーキーだった和田前監督や、主力だった真弓元監督にやらせたらどうなるかなあ……ということだ。もし優勝できなかったら、逆にすごいな。

014

コミック ザ・阪神1985

企画集団ベース編／エム・アイ・エー／1985年

タイガースファンが一丸となって作った阪神コミックアンソロジー

2003年は、雑誌「Number」の阪神特集や「SPA!」の阪神増刊など、さまざまな阪神関連仕事をした。そのひとつが『虎漫』（大都社）。しりあがり寿、髙橋ツトム、さそうあきら、葉月京ら、阪神ファンの漫画家だけを集めたアンソロジーである。

しかし、実は同種の企画本が1985年にも出ていたのだ。その名も『コミック ザ・阪神1985』。編者は「企画集団ベース」という。どういう人たちなのかまったくわからないが、編集後記には次のような記述がある。

〈●昭和60年9月某日、アスキー第二書籍編集部より、わがベースに緊急TELが入った。「大変な事態になった。タイガースが優勝しそうだー」電話の声は完全にうわずっていた。●翌日より、徹夜のミーティングが続いた。この異常事態に我々はいかに対処すればよいのか――テーマは絞られ、祝優勝の怒濤のオムニバス巨編を出版しようとの結論にようやく到達することができた〉

いやいや徹夜のミーティングはしてないだろ。つか、だったらなぜ版元がアスキーじゃないのか、などツッコミどころは多々あるが、とりあえず虎バカたちが21年ぶりの優勝に浮かれて作っちゃったのは間違いない。シリーズ名として「時事情報コミックス「1」」と銘打っているあたりにもムリヤリ感が漂う。確かに阪神優勝は大事件ではあったけど、「時事情報」ってことはないだろう（「2」が出たのかも疑問）。

さて、肝心の中身はどうか。執筆陣は、いしいひさいち、あべこうじ、高岡凡太郎、レオナルド・いも、風間勇吉、コジロー、かまちよしろう、福山庸治、黒鉄ヒロシ、はた宏、近石雅史、吉森みき男、小池たかしとどおくまんプロの13名。ヤクルトファンのいしいひさいちはともかく、黒鉄ヒロシってバリバリの巨人ファンじゃん！　頼むほうも頼むほうだが、引き受けるほうもどういうつもりか。しかも、妙に阪神ファンにおもねったような内容で、節操がないというか何というか。これだから巨人ファンってやつは……。

その点、吉森みき男の作品は、巨人ファンのサラリーマンが主人公。連日の虎フィーバーを苦々しく思う彼は、野球に興味のない妻との関係にも倦怠感を抱いている。そこに初恋の人との思い出をからめながら、夫婦関係の修復と来年の反攻を誓う……という、ちょっとせつないストーリー。たぶん作者自身も巨人ファンなのだと思うが、こういう描き方なら腹も立たない。

苦節21年の想いが最も切実に表れているのは、第1章でも登場したレオナルド・いもの作品だ。天王山となった9月7日、8日の広島戦の中継が関東地方ではテレビもラジオもなかったため、大阪の友人に何度も電話して試合経過を確認、電話代が高くついたことを嘆く。10月16日には部屋を掃除し風呂に入って身を清め、涙を拭くためのティッシュを用意して〝その時〟を待つ自身の姿を描く。

かまちよしろうの作品もなかなかシブい。21年ぶりの優勝が決まったその日、あの阪神ＯＢたちはどうしていたか……というもので、〝世紀の落球〟の池田純一、当時の監督・金田正泰、〝仏のゴロー〟こと遠井吾郎、21年前の胴上げ投手・石川緑らが登場。作者自身のことと思われる静岡の少年が、神戸に親戚がいたことから阪神ファンになり、吉田義男にファンレターを書いた思い出話は、ちょっと泣ける。

　文章原稿もいくつか載っていて、なかでも「虎とバット」と題された井家上隆幸の東西文化比較論は興味深い。巨人、西武の管理野球と阪神のお祭り野球との対比から、東西の〈恥〉の感覚の違いを論じる。筆者いわく、**《虎症候群》患者たちは、いま、管理社会の枠からはずれるとはどういうことなのか、その楽しさを《初体験》しているのである。《にわかタイガース》だけではない、二十年間耐えに耐えてという《オールド》も、恥をかいて恥をかいて、それが快感となることを体験している。体験の核となるのは、人と人との交流である、お祭りのたのしさである。まんざら世の中、捨てたものでもない、「ようやるわ」といわれることには「値打ちがある」のである**〉。この感じ、かつての〈改装前の〉甲子園での阪神戦を体験したことのある人なら共感できるものだろう。

　そして何よりグッとくるのは、編集後記の以下の部分。

〈●この緊急出版を読者の方々にお届けすることができた最大の功労者は何といっても、共同印刷タイガースファンクラブだろう。生来の怠け癖ゆえに作業を遅らせかねない我々を叱咤激励、連日、夜が白むまで作業を続けて下さった。●本書製作中に阪神優勝のシーンをメンバー全員が目撃できたことは、生涯最大の幸福だったろう。神宮で優勝を見届けるや、メンバーは編集部に戻り作業を再開した。優勝の美酒は脱稿まで延期となった。異論を唱えるものはむろん皆無だった〉

まさに〝チーム一丸〟の出版。拙速な部分も目につくが、その分、勢いと熱さにあふれた、正しい虎バカ本である。

015

劇画 猛虎魂

週刊アサヒ芸能増刊／徳間書店／1985年

バース、掛布、岡田らの活躍を劇画で（勝手に?）描いちゃった

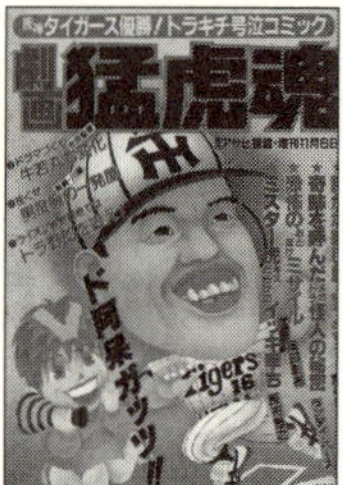

前項に引き続き、こちらもマンガである。ただし、単行本ではなく雑誌。その名も『劇画 猛虎魂』という。「週刊アサヒ芸能」の増刊で、タイトルどおりタイガースの選手をモデルにした実録風の劇画が並んでいる。

表紙は、掛布でもバースでもなく、岡田のイラスト。わざわざ表紙にするんなら少しは男前に描けばいいものを、必要以上に歯ぐきむき出しのアホ面に描かれているのはなぜなのか。添えられたキャッチコピーが〈ド阿呆ガッツ!!〉ってのもビミョーである。

巻頭カラー作品の主役も岡田なのだが、そのタイトルが**「恐怖のおとぼけミサイル」**（作／小堀洋、画／武本サブロー）って、ホメてるんだか何なんだか。吉田監督就任でセカンドに固定された岡田が猛練習で不動のレギュラーとなり、21年ぶりの優勝に貢献……というだけなら普通だが、あの河埜の落球を、猛然と二塁を蹴って走る岡田の姿が目に入ったせいにしているのが画期的だ。

さらに、オカマとの一夜をスクープされた事件もきっちりネタにしていて、からかうチームメイトに必死で言い訳する岡田の表情は、もはや顔面崩壊レベル。表紙、巻頭と岡田推しのように見せかけて、実は岡田に恨みでもあるんか？　という気がしなくもないが、まあ、こうしてネタにされるのも岡田の人徳なのかもしれない。

続いての登場は神様・仏様・バース様。**「奇跡を呼んだメガトラ怪人の秘密」**（作／冬村康、画／高橋わたる）って、これまたビミョーなタイトルだ。

メジャーで芽が出ず日本でも2年間はさほどパッとしなかったバースが、来日3年目の'85年に大活躍するまでをややコミカルに描く。安藤監督時代、1、2打席凡退すると交替させせられていたバースが、吉田監督に代わって2打席目に凡退したときに〈チラ！〉

と監督のほうを心配そうに見る顔が妙にカワイイ。しかし、吉田監督は微動だにせず、意気に感じたバースは3打席目で見事にホームラン！　マウンド上の巨人・西本はがっくりヒザをつくのであった。

その吉田監督を主人公にした**「ドラマづくり　牛若丸七変化」**（作／秋山研太郎、画／ひるた充）という作品もあって、最初の監督時代（1975～'77年）に結果を出せなかったよっさんが、メジャー視察などを経ていかに変身したかが描かれている。

ラストシーンでは、日本シリーズの対戦相手となった西武・広岡監督が「吉田義男あれがくるとは思わなかった……」「まずは吉田の戦法をコンピューターで分析するとしようか」と言いつつPCを起ち上げる。すると、画面にはなぜか将棋盤の前に座るよっさんの姿が。ありえないくらいキリッとした表情で〈平田〉〈バース〉〈岡田〉などと書かれたコマをビシビシ指し、〈東尾〉〈松沼〉〈秋山〉のコマを蹴散らすよっさん。そして、最後は〈ニカッ〉と笑うよっさんの笑顔……。本書の発売は日本シリーズ開幕前だが、結果的にはマンガのとおりになったわけだ。

ほかにも掛布が主人公の**「ミスター虎　キズだらけのイッキ撃ち」**（作／中原まこと、

画／山口正人）、川藤と長崎をフィーチャーした**「往くぜ　男度胸の一発屋」**（作／本間正夫、画／のなかみのる）、真弓の野球人生を綴る**「静かなる殺し屋　そいつの名はジョー」**（作／吉岡道夫、画／桜多吾作）などの実録風マンガに加え、当時流行の4コマや**「これがホンマの猛虎魂や」**（石川賢）、**「トラ野郎を追え！」**（小池たかしとどおくまんプロ）といったフィクションものまで、バラエティに富んだラインナップ。マンガとして面白いかと問われれば、正直、答えに困る。しかし、ケレン味たっぷりのタイトルや〈10月16日の胴上げ!!　バースのヒゲはふるえた!!〉といったアオリ文句、選手のキャラづけのビミョーさはなかなかに味わい深い。

もちろん球団にも選手にも許可を取ってないことは確実。こういうデタラメが許された時代が今となっては懐かしい。

016

阪神タイガース応援ブック
優勝や！

祥伝社／１９９８年

野村監督就任で盛り上がった虎バカ編集者の妄想炸裂!?

１９９８年という暗黒時代の真っ只中に、いきなり「優勝や！」とはヤケクソも極まれり……と思いきや、実は１９９８年12月の刊行。つまり、野村監督就任を受けての緊急出版なのである。野村氏への監督就任要請が10月15日、正式に決まったのが25日だから、制作期間は実質１カ月あるかないか。そりゃ「優勝や！」とハッタリでも何でもかまして、テンション上げていくしかないだろう。

表紙からしてテンションＭＡＸな優勝パレードのイラスト。帯には、〈野村監督就任で決まったも同然!!!〉〈'99年ペナントレース〝最有力候補〟にトラファンの胸は騒ぐ!!〉といったアオリ文句に加え、〈〝優勝〟テレカ〉のプレゼント告知もある。扉ページには「V1」と書かれた旗を振るトラキチばあさんのイラストと〈We WON!〉の文字。まだ開幕もしてないのに過去形である。もう優勝は既成事実という扱いだ。

まえがきもテンション高く、〈**「生きててよかった！」と胸躍る機会を一番多く経験する日本人は、タイガースファンなのかもしれません**〉〈**短い人生です。ダイナミックな幸せを手に入れたいなら阪神タイガースの元へお寄りなさい。ゼッタイに阪神タイガースは日本一の球団。タイガースがいなければ世の中は面白くならない！　と言って過言ではありません**〉と、ここぞとばかりにタイガース愛を熱く訴えている。文責は〈祥伝社　雑誌編集部　企画室〉。編集部によほどの虎バカがいて、むりやり企画を通したんだろうなあ……と想像する。そうでなきゃ、こんな本が出るわけない。というか、私も野村監督就任にかこつけて『タイガースファンという生き方』という本を作ったので、何となく舞台裏が察せられるのだ。

肝心の中身のほうは、とにかく思いつくネタを何でも詰め込んだ感じ。

巻頭の「野村の野球戦術はやわかり」に続いては「今年活躍注目すべき選手たちとその理由」。野村監督の発言を基にトラ番記者が執筆しているのだが、新庄剛志、前年の新人王・坪井智哉は別格として、若手有望Aランクに濱中治、安達智次郎の名が挙がっている。同Bランクは、井上貴朗と北川博敏。残念ながら予想はほとんどハズレだが、彼らが期待どおりの活躍を見せていれば、最下位を続けることはなかったかもしれない。

一方、「4年後はもっとオモロイで！　阪神・岡田監督vs巨人・原監督や‼」と題された未来予測記事は半分くらい当たってる。2002年、野村監督からバトンを受け継いだ岡田彰布監督がタイガースを優勝に導くという筋書き。現実には2003年に星野監督で優勝、岡田監督の優勝は2005年だったが、阪神・岡田監督vs巨人・原監督という構図は具現化した。ただし、〈やったあ、悲願の17年ぶり優勝だ！〉と言ってる時点で、「（野村監督就任で）優勝や！」という大前提を否定していることになるのだが。

ほかにも、私設応援団による座談会や、トラキチの店に「今年優勝したら何を約束しますか？」と聞いた記事、応援歌＆名物ヤジの誌上再録、マンガに登場する架空の阪神選手の紹介、歴代の選手や監督の面白エピソード、野球評論家の格付け、阪神ファンアンケートによる歴代選手のランキングなど、盛りだくさん。

全体的に、きちんと取材した記事よりファンが好き放題言ってるだけの妄想&願望記事が目立つが、制作期間の短さを考えればやむをえないところはあろう。勢いでやっちゃいました的なノリが、逆に愛嬌にもなっている。

極めつきが「'99年。阪神が優勝して日本はこんなに変わる!!」というシミュレーション記事。野村阪神は投手・新庄を抑えの切り札に据えて開幕から快進撃を続ける。その影響で、前監督の吉田義男がなんと大阪府知事に当選。甲子園で阪神の試合を観戦した人は入場料を府民税から控除するという政策を発表（甲子園は兵庫県に位置するのだが）、さらに阪神グッズは生活必需品であるから消費税を免除することが決定される。さまざまな阪神関連商品がバカ売れで景気は回復、あげくの果ては土井たか子を党首とする新党「猛虎党」が政権奪取するのであった。

ツッコミどころ満載だが、その意気やよし。ノンブル（ページ表示）の数字がど～んと大きく、その背番号を付けた歴代選手の名前が添えられているなど、細かい仕掛けも気が利いてる。超即席本ながら、タイガース愛に手抜きはない。

017

クイズ阪神が日本を変える!

ぽにーてーる編/カンゼン/2002年

前のめりすぎる姿勢に頬がゆるむ 何でもアリの暴走阪神クイズ本

星野監督の1年目、2002年のスタートダッシュはすごかった。開幕7連勝に始まり、4月終了時点で17勝8敗1分の貯金9。長い暗黒時代に辛酸をなめつくし、勝利に飢えていたタイガースファンが浮き足立ったのも無理はない。今騒がずにいつ騒ぐ!というわけで、虎バカ本もいくつか出たが、そのなかでも早かったのが本書である。

発行は2002年5月25日。開幕7連勝で企画が動き出したとしても、実作業に使える時間はおそらく2週間ぐらいしかなかったに違いない。

帯には〈超緊急出版！　2002年優勝おめでとう！〉の文字。気が早すぎというか、勢い余りすぎというか。でも、この前のめり具合がいかにも虎バカ的で悪くない。

カバー折り返し部分のアオリ文句も飛ばしてる。〈今、街の話題や日本全体の話題は、朝から晩までタイガースのことばかり。『今、日本を変えられるパワーはタイガースにしか、ないのではないか？』という思いを強くしている人は日々増えています〉とは、ずいぶん大きく出たものだ。

肝心の中身のほうは、阪神に関するクイズが386問。〈2002年快進撃編〉〈助っ人外人選手編〉〈歴代名選手／名監督編〉〈球団&タイガース文化編〉の4つのジャンルに分かれているのだが、今見て面白いのはやはり〈2002年快進撃編〉だろう。

2戦目3月31日、1点を追う6回、一塁三塁の場面カウント2－2から片岡が決勝打を打ったが、その球種は？

①内角ギリギリのフォーク

②外角スライダー

③スッポぬけた高めのシュート

９戦目４月９日、３回裏阪神は３点の得点をあげるが、このきっかけをつくったのは？

①藪の二塁打
②赤星のホームスチール
③ホワイトの振り逃げ

といった試合やプレーに関する問題から、

４戦目４月３日、この日５打数４安打で爆発した浜中の長男かずまクンの正しい書き方は？

①一真くん
②一馬くん
③数馬くん

なんて選手のプライベートに関するものまで、とにかく何でもアリ。

〈18戦目４月20日。４回裏、ムーアがそれまで送りバントの構えをしていたのに、急にヒッティング。ムーアのレフトフライは巨人・清水の落球を誘い、この回阪神は４点をもぎ取り、上原は撃沈。ムーアの、この「急なヒッティング」への変更の一瞬前に、ムーアに〝ひそひそ話〟を耳元でした人がいる。たぶん、その人が「今の巨人の守備を見てみぃ。バントしか頭にない守り方してるで。ヒッティングに変えたらどや?」と言ったと推測されるが、それは誰?〉って長いっちゅうねん！　しかも推測で問題作るなよ……。で、選択肢は①ホワイト、②今岡、③アリアスなのだが、打席のムーアに耳打ちできるとしたら、次打者の今岡しかおらんやろ！

ほかにも、

浜中おさむ選手の本名は?

①ぼんちおさむ
②浜中治虫
③浜中治

いまや飛ぶように売れてる阪神グッズ。売ってないのは?

①グランドガールリカちゃん
②虎柄トランクス

③ペット用の子供の虎

……など、全体的に〝やっつけ感〟満載だが、それもまたよし。ところどころに入っている選手の似顔絵がまったく似てないのもご愛嬌だ。こういう企画が通ってしまったこと自体、いかにあの年のタイガースの快進撃が素晴らしく、虎バカたちが浮かれていたかの証拠である。

あれから15年。次にこんな本がうっかり出るのはいつの日か。

※なお、引用した問題の正解は、順に①内角ギリギリのフォーク、①藪の二塁打、①一真くん、である。残り3問の正解は書くまでもないだろう。

018

燃える！タイガースな人々

関西ライター猛虎会編著／小学館文庫／2003年

筋金入りの虎バカ18人が語る
タイガースに捧げた人生の物語

金本監督2年目の2017年シーズン、5月には首位に立った我らが阪神タイガースだが、交流戦最後のカードからなんと8連敗を喫してしまった。その間の得点は合計9点で完封負けが4試合。あまりの貧打ぶりにストレス溜まりまくりだが、そういうときこそファンとしての度量が試される。勝てばもちろんうれしいが、たとえ負けても負けても負けても負けても負けても負けても負けても、「今日は勝つかも……」と性懲りもなく応援するのが虎バカというものだろう。

そんな虎バカのなかでも筋金入りの猛者たちを紹介したのが本書である。「虎エコノミスト」として知られる國定浩一氏、喫茶店「まる虎ぽーろ」店主・盛林文男氏、居酒屋「虎」店主・大平洋一郎氏、尼崎信用金庫理事長・橋本博之氏、パロディ新聞「サンカイスポーツ」仕掛け人のデザイナー・君塚隆太氏など、18人の虎バカたちへのインタビューを収録。2003年の快進撃さなかの取材だけあって、どの人の記事からも喜色満面の様子がありありと伝わってくる。

もちろんなかには虎柄の配達車で有名な米屋の店主・正光信三氏のように「どこか阪神らしくないねん。だんだん違うチームを応援しているような気になってきてなぁ……」と、あまりの強さに戸惑いを見せる人もいるが、それでもやはりうれしそう。

しかし、本書の見どころは2003年時点の話よりも、そこに至るまでの彼らの虎バカ人生の物語だ。「まる虎ぽーろ」（実はこの店、私の実家のすぐ近所）の盛林氏が店を開いたのは1975年。当初は阪神が負けると「本日は都合により笑顔で応対できません」と書いた紙をカウンターに貼り付けたりしていたそうだ。

'85年のリーグ優勝時にはバースの背番号にちなんで当時310円のコーヒーを44円で

提供。日本一になったときには「もっとインパクトのあることをせなあかんやろ」とコーヒー無料にしてしまった。「そしたら、みんなポットとか持ってきて『これに入れてぇな』やて。ほんま、うちの客はがめついでぇ」てなことになったが、虎バカ仲間のコーヒー屋が「ほな、使こてください」とコーヒー豆を提供してくれたり、一度に大量の豆を挽ける機械まで持ってきてくれたりしたとか。これぞまさしく虎バカの輪！

客も客でどうかしていて、ある常連客は巨人戦の前になると「ジャイアンツをコーンとやっつける」という意味を込め、ジャイアントコーンをドカ食いするパフォーマンスを演じ、それが元で糖尿病になったというからアホである。

同様に、居酒屋「虎」の大平氏も'85年のリーグ優勝時と日本一決定時に3日間全品無料セールを行い、計6日間で300万円もの赤字を計上。それでも「生涯最良の日やった」と一片の後悔もない。その「虎」の常連で、いつのまにかボランティアで店を手伝うことになった鈴木真砂美氏は、本書で2人登場する女性虎バカのひとり。バイトをしていたスナックがつぶれたとき、「甲子園に引っ越すチャンスちゃうん？」と球場近くに引っ越して、それがきっかけで「虎」を手伝うことになったという。

阪神百貨店販売促進部広報課課長（当時）でタイガース関連商品やイベントの企画を担当する松下直昭氏は、ちょうど'85年が就活の年だった。父親が教師で自分も教師になるはずが、「やっぱり阪神タイガースに関係する仕事がやりたい」と「名前に〝阪神〟ってついてる企業を探してかたっぱしから面接に挑戦した」というから、これまた立派なアホである。志望動機を尋ねられ、「自分の売り上げが阪神の選手の給料になるかもしれないからです」と答えて呆れられ、その後、「企業名に〝阪神〟とついていても、タイガースと関係しているとは限らないみたいだ」と気づき、「ここなら」とピンときた阪神百貨店の面接を飛び込みで受けたら、見事合格。コケの一念岩をも通すとはこのことか。

こういう人たちを見ていると、「自分なんてまだまだ……」と思えてくる。ここ15年ほど、ちょっと強かったからって驕ってはいけない。初心に帰って、謙虚な気持ちで粛々と応援を続けようではありませんか。

019

阪神電鉄物語

岡田久雄／ＪＴＢ／２００３年

トラキチ鉄道ファンが綴る 電鉄と球団のオモロイ関係

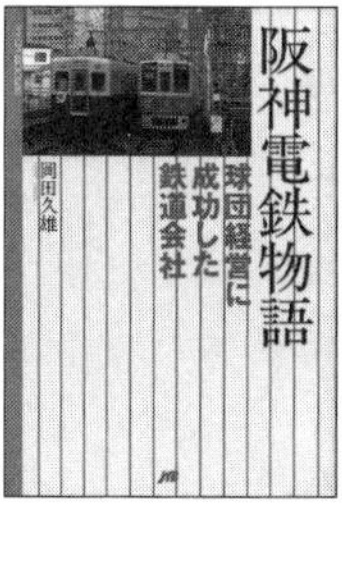

このたびご紹介する本は岡田久雄著『阪神電鉄物語』。いやいや、いくら阪神ファンだからって、野球じゃなく電車の話されても……。そう思われる方もいらっしゃるかもしれない。しかし、この本、単なる鉄道本ではないのである。

発行は２００３年11月。そう、我らが阪神タイガースが18年ぶりの優勝を果たした年だ。背表紙には〈電鉄と阪神タイガースのあゆみ〉との副題があり、帯にはデカデカと〈祝優勝！〉の文字。さらに〈トラキチ鉄道ファンが振り返る、阪神タイガースと電鉄のあゆみ〉と、電鉄よりタイガースを前面に打ち出したキャッチコピーが躍っている。

つまりは阪神優勝便乗本の一種だが、その便乗の仕方がすごい。

〈本書は初め、鉄道会社と球団経営というテーマで企画された。（略）話は二〇〇三年（平成一五）三月頃に持ち上がったが、準備がそれほど進まないうちに、阪神タイガースが快進撃を始め、あれよあれよという間に、全国的なタイガース・ブームとなった。鉄道会社と球団経営というテーマがあまりに大きいこともあり、思い切って、阪神電鉄と阪神タイガースに話をしぼることにした〉

よくぞ思い切ったものである。著者は〈トラキチ歴五十年〉で〈阪神タイガース私設応援団ＩＴ会員〉という本格的な阪神ファン。一方で、鉄道ファンでもあるわけだが、「とにかく今年、この本を出してしまえ！」「今年出さなきゃいつ出すんだ！」という見切り発車ぶりが、いかにも虎バカ的で共感を呼ぶ。

肝心の中身のほうは、鉄道８割、タイガース２割といった感じ。タイガースに関する記述は球団史と戦績を振り返るぐらいで、正直、あまり新鮮味はない。とはいえ、タイガースの勝敗と阪神電鉄の株価との関連をデータで検証したり、優勝記念の「らくやんカード」（関東でいうパスネット）や虎姫駅（JR西日本）の記念入場券の話題など、鉄オタならではのネタの拾い方にはニヤリとさせられる。甲子園球場と甲子園駅の歴史をひもといた項は、鉄オタならぬ普通のタイガースファンの身にも興味深い。

本書によれば、甲子園に野球を見に来る観客のうち、電車で来る人の割合は約6割だそうだ。意外と少ない気がするが、それでも4万8000人の6割とすれば、2万8800人。甲子園に行ったことのある人ならご存じだろうが、試合終了後、それだけの数の観客が押し寄せるにもかかわらず、甲子園駅では意外なほどスムーズに電車に乗れる。その乗客の〈神技〉的さばき方についての項もあり、興味深い（それを指揮する甲子園の駅長は熟練が必要ゆえ、ずっと転勤がない――との説はデマらしい）。

関西以外の人は意外に思うかもしれないが、阪神電鉄は鉄道会社としては規模が小さい。同じくプロ野球チームを所有する西武鉄道の営業距離176・6キロに比べ、4分の1以下の48・9キロしかない。タイガースと甲子園がなければ、本当に地味な私鉄にすぎないのだ。なのに、フロントはなぜもっとチームを、選手を大事にしないのか……なんてグチはさておき、本書には現在「阪神なんば線」として営業している、かつての西大阪線の延伸についての記述もある。

〈野球ファンにとっては、甲子園駅と大阪ドーム最寄りの岩崎橋駅（引用者注：現ドーム前駅）が直通するのが楽しい。二〇〇三年（平成一五）夏、ニューヨークヤンキースの松井秀喜選手の活躍から、ニューヨークのサブウェイ（地下鉄）シリーズが話題になったが、タイガースとバファローズがともにリーグ優勝して、それの大阪版が実現したら…。いつのことか楽しみである〉

まさかその後、バファローズがオリックスと合併し、阪神が阪急阪神グループとなり、松井秀喜が浪人状態になろうとは……。世の中、一寸先は闇。便乗でも何でも出せる本は出せるときに出しておいたほうがいい、取れる点は取れるときに何点でも取っておいたほうがいい。

第3章

うんちく虎バカ本

創設80年を超える我らが阪神タイガース。その歴史と伝統をほじくり返し、いろんな角度から光を当てる。誰もが知る基礎知識からマニアックすぎるネタまでを詰め込んだ虎バカ本。タイガースを愛するなら、読んでおいて損はない。

020

甲子園

由倉利広／中央公論新社／1999年

独断と偏見と人間味に満ちたタイガース関連用語事典

タイトル、打ち間違いではない。『甲子園』と書いて「こうじえん」と読む。副題は「阪神タイガース大事典」。つまり、「広辞苑」と「甲子園」を引っかけたダジャレである。早い話が、阪神タイガースに関するさまざまな事柄を解説した事典。ただし、項目の立て方がちょっと普通の事典とは違う。たとえば、【1試合2570万円】という項目があるのだが、何のことかおわかりだろうか。……そう、あのグリーンウェルの悪行についての記事である。文章自体は淡々と事実を述べているのだが、**〈「もう野球人生にピ**

リオドを打て、という神のお告げ」だという勝手な判断を下し引退を表明〉と、微妙に〝思い出し怒り〟がにじみ出ているところにグッとくる。

【根性なし】なんて項目もあって、何だそりゃと思ったら、バースの55号本塁打を阻止するために巨人が敬遠しまくった件だった。それで「根性なし」って、全面的に同意はするけど、事典の見出し語としてはどうなのか。ちなみに記事は「（敬遠などの）特別な指示は出していない」との王監督（当時）のコメントを紹介しつつ、〈**要するに王監督は、逃げる投手陣に「勝負しろ」とも指示していなかったわけだ**〉と締められている。「新解さん」どころじゃない人間味を感じずにいられない。

一方、何でわざわざそんな項目を立てるのか、と苦笑したのが**【色を好む】**。〈72年、田淵幸一は同棲生活をスッパ抜かれる。一時は、その女性と結婚寸前まで行ったが破局。ところが、その女性が妊娠したため、田淵は認知。しかし、そのすぐ後に、タイミング悪く別の女性との「婚約報道」が出てしまった。結局、田淵は婚約報道のあった女性と結婚したが、さらに離婚、結婚を繰り返した〉って、今さら蒸し返さんでも……。

また、**【鼻クソ】**とは〈**野村克也監督による、巨人・高橋由伸外野手を称した表現**〉

というのだが、ノムさん、そんなこと言ってたっけ？　実はコレ、ナベツネがプロ選手のシドニー五輪派遣に反対したことを批判したノムさんの「巨人なら高橋一人くらい欠けても鼻クソみたいなもの」との発言についての記事。でも、それって「高橋由伸＝鼻クソ」という意味じゃないと思うけど、まあいいか、ヨシノブだし。

ほかにも、【覚醒剤】で江夏の逮捕・服役を解説、掛布の【酒気帯び運転】、それに対する久万オーナーの【欠陥商品】発言も掲載。新庄の【正座】や、吉田監督の【腰巻き抗議】、佐野のフェンスへの【激突】、'92年の中村監督の【岡田代打】、その中村監督への久万オーナーの【スカタン】発言など、ネガティブな用語もバンバン採用する。

もちろん、村山の【ザトペック投法】や'85年の【バックスクリーン3連発】、【アルプス・スタンド】の名称の由来などの定番ネタ、アルトマンの愛称【足長おじさん】、パチョレック、郭李、オマリーの起用法をめぐる【PKO問題】などの助っ人外国人ネタもたっぷり。【開幕連続安打】【史上最長試合】といった記録ネタも、クドいぐらいに載っている。

発刊は野村監督が就任した1999年。多くの阪神ファン同様、著者も期待と不安が入り交じっていたようで、「はじめに」には〈とにかくすべての屈辱は、もしかしたら四半世紀もかけて辿り着くのかもしれない爆発的な歓喜のための助走と諦め、耐え抜く覚悟がなければつとまらない〉〈本当に優勝して欲しかったら、何も期待していない素振りこそが肝心。日々「ビリで当然」と突き放した姿勢を貫いてこそ初めて、望外の成績をもたらしてくれるかもしれないのだ〉など、自分に言い聞かせるような言葉が並ぶ。

読売グループの中央公論新社から出ているのは皮肉だが、ベテランの阪神ファンはいろんな思い出がよみがえり、初心者には勉強になる、読んで楽しい事典である。

021

今日も明日も阪神タイガース!

近藤道郎／講談社＋α文庫／2002年

ゴロなしで完封負けを喫したから 5月25日はフライアウト記念日

たとえどんなにチームが低迷しているときでも、毎日タイガースのことが気になって仕方ない。そんな虎バカの皆さんの気分転換（現実逃避ともいう）に最適なのが本書。4月1日**〈阪神タイガース改名記念日〉**に始まり、3月31日**〈新庄オープン戦MVPの日〉**まで、1年366日（2月29日分もあり）に起こったタイガース関連の出来事を集めまくった労作。4月17日**〈伝説のバックスクリーン3連発の日〉**、10月16日**〈21年ぶりの感涙にむせんだ日〉**なんて〝大ネタ〟は日付とともに深く脳裏に刻まれているが、有名な出来事でも日付までは覚えていないものも少なくない。たとえば、4月29日〈**佐野がフェンスに激突した日**〉、6月12日〈**新庄、敬遠球打ってサヨナラの日**〉、8月5日〈**池田、痛恨ポロリの日**〉、8月26日〈**「ベンチがアホやから野球がでけへん」日**〉といった出来事は、あらためて読むと懐かしさとともに新たな感慨が湧いてくる。

そうかと思えば、「へえ〜、そんなことあったんだ」というネタもあり、6月4日〈**流感のためベンチ入り15名の日**〉というのは1957年の出来事。5月25日〈**ゴロなし完封負けの日**〉は1983年で、中日・高橋三千丈相手にフライアウト23、三振4で3安打完封を食らった。同じくトホホな負け方ということでは、5月31日〈**7ホーマーしながら敗戦の日**〉ってのもあり、こちらは'89年のヤクルト戦で9対13で敗れている。ちなみに、ホームランを打ったのは中野佐資、田尾安志、八木裕、和田豊、渡真利克則、セシル・フィルダー、真弓明信の7人だった。

8月9日は〈**一挙11得点の日**〉で、しかも1984年と1996年の同日に2回記録している。'84年はヤクルト相手の9回に3四球と8連続安打、'96年は横浜相手の延長12回に4四球と9安打。どちらも何となく記憶にあるような気もするが、まさか同じ日とは……。今度の8月9日には、ぜひ3度めを記録していただきたい。

そんなふうにレアな記録も満載の本書だが、何しろ1年366日を網羅せねばならないもんだから、なかには苦し紛れなネタもある。4月23日〈**木戸、絶妙スクイズデー**〉、5月17日〈**吉田監督、英語で抗議した日**〉、7月31日〈**谷中、プロ初完封の日**〉あたりはまだいいとして、8月28日〈**亀山、リトルリーグ世界一の日**〉って、もはや阪神の話じゃなくなってるし。4月27日〈**江夏、仮出所の日**〉ってのも話題としてはどうなのか……。

シーズンオフ、特に年末からキャンプが始まるまでの時期はやはりネタが乏しいようで、12月29日〈**巨人川上哲治監督夫人入院日**〉の項では〈**まるで阪神と関係ないじゃないかといわれれば、そのとおり**〉と開き直り。1月2日〈**「タイガース福袋」発売日**〉、同3日〈**「ノムさん福袋」発売日**〉というのも苦労の跡がありありだ。そして、1月4日と6日は〈**67年にわたるタイガースの歴史の中で、事件を見つけられなかった日**〉って、結局366日網羅できてないじゃん！　では、間の1月5日は何の日かというと〈**川尻哲郎誕生日**〉。著者にしてみれば「よくぞこの日に生まれてくれた！」と川尻に感謝したくなったことだろう。とはいえ、いくらネタがないからって、1月21日〈**中西、女性ストーカーに暴行の日**〉なんてものまで載せんでも、と思うけど。

２００2年3月発行の本なので9月15日は「男・星野が宙に舞った日」ではなく〈**江夏、王に逆転3ランを浴びた日**〉。１９７1年の出来事だ。また、5月13日〈**濱中、母に贈るサヨナラ1号の日**〉の項には〈**濱中はその後、三番に定着し、本塁打13、打点53、打率2割6分3厘でシーズンを終えた。これから中軸として飛躍してもらいたい選手である**〉などと書かれていて切ない気持ちに。とりあえず、いろんなことを思い出させてくれて、時間を忘れさせてくれる一冊ではある。

ただし、カバーイラストはちょっとビミョー。燃えあがる炎をバックに甲子園と球団旗が描かれていて、たぶん「燃えよ、猛虎魂！」的な意味なんだろうけど、どうしても「阪神タイガース大炎上！」としか見えないのであった……。

022

阪神タイガースの正体

井上章一／太田出版／2001年

メディアとファンの共犯関係によって築かれた阪神タイガースという偶像

阪神タイガースはいかにして阪神タイガースとなったのか。

いや、タイガースは最初からタイガースだろう。まあ、昔は「大阪タイガース」だったから名前は確かに変わったけど……と思われる方もいるかもしれない。しかし、タイガースが現在のような存在——すなわち関西の反体制（反中央）的気質の象徴とされ、多くの熱狂的ファンが連日球場を埋め尽くし「六甲おろし」を合唱するような——になったのは、実は１９７０年代以降のことなのだ。

なぜそうなったのか、それ以前はどうだったのか。本書は、単にタイガースの歴史をたどるのではなく、球界全体の中での位置づけ、メディアの論調、ファンの動向などを多面的に探っていく。複数の資料を照合しながら、伝説にまみれたタイガースの〝正体〟に迫ろうとする。その論考はミステリーの謎解きのように刺激的だ。

著者はまず、1960年代（およびそれ以前）の観客の少なさを指摘する。たとえば1962年10月3日の対広島戦。本拠地・甲子園での開催で、しかも15年ぶり、2リーグ分裂後初の優勝がかかった試合だというのに、観客数はたったの2万人！〈信じられないと思うむきは、阪神タイガース史のビデオを見るがいい。内野席は、けっこううまっている。だが、外野席はがらがらであることを、いやおうなく認識させられるだろう〉と著者は言う。引用されている当時の新聞の写真を見ても、確かに外野席はガラガラだ。有料入場者数を実数発表する今と違って、昔はけっこうドンブリ勘定だったから、2万人というのすら怪しい。

その前の週末に国鉄（現ヤクルト）スワローズとの3連戦が行われたが、そちらは土日にもかかわらず6000人、1万人、1万8000人とさらに少ない。一方、もう1

週前の土日の巨人戦は4万5000～5万人を集めている。要するに巨人戦以外は客が入らなかったのだ。そのへんの事情は、オールドファンなら先刻ご承知ではあろう。私がサンテレビで阪神戦を見始めた’70年代前半でも、外野席は結構空いていた記憶がある。本書で記されるプロ野球草創期の集客の苦労（当時は六大学野球こそ花形で、職業野球は蔑視されていた）も各種文献に既出の話だ。

しかし、阪神ファンが何よりも誇りに思う甲子園球場にナイター設備が整ったのが1956年で、後楽園（同’50年）や大阪球場（’51年）や西宮球場（’53年）より遅く、そのため主催試合の半数以上を（ナイターで仕事帰りの客が呼べて立地的にも便利な）大阪球場で行っていたというのは、個人的には初耳であり衝撃だった。が、〈**自分のところでナイター設備をととのえるより、大阪球場をかりたほうが楽だという。阪神球団の方針は、このころそんなふうに、周囲からながめられていたのである**〉という記述には納得。今でこそ球団経営もずいぶんまともになったように見えるが、’90年代までの阪神はとにかくケチというか金の使いどころをわかってない球団だった。

関西では、その大阪球場を本拠とする南海ホークス（現ソフトバンクホークス）のほうが人気、実力とも阪神タイガースを上回っていた。日本シリーズで巨人に挑んでは敗れていた南海は、反中央的意識の受け皿でもあった。そのポジションにタイガースが取って代わるきっかけとして著者が挙げるのは、１９５９年６月25日の天覧試合で村山実が長嶋茂雄に打たれたサヨナラホームラン（というかファウル）である。

〈村山は、挫折を宿命とする抵抗の象徴的な存在になっていく。そして、この構図は、天覧試合によりひとびとの目へ、やきつけられたのである〉

時あたかも安保闘争の時代。それまでの〝抵抗者〟だった南海は同年の日本シリーズで巨人を倒し本懐を遂げた。代わって〈強大なジャイアンツに、敢然とたちむかい、しばしば玉砕する。そんな村山の姿が、けっきょくはおしつぶされた政治闘争とオーバーラップしはじめた。私には、世相史がそう見えるのだが、どうだろう〉と著者は問う。

さらに、１９５６年の藤村排斥運動から始まるスポーツ紙のスキャンダル報道、’69年に六大学のスター・田淵幸一が入団して以降の集客の安定、神戸のサンテレビのタイガース戦中継や東京のデイリースポーツによる阪神偏重報道、「おはようパーソナリティ」キャスター・中村鋭一（のちに道上洋三）による「六甲おろし」の布教、上方のお笑いとの関係など、話題は多岐にわたる。いわばメディアとファンの共犯関係によって築かれた阪神タイガースという偶像を、予断を排し丹念に解体していく。

その筆致はいかにも研究者らしく慎重で中立的だが、〈私には、**江夏が青春であった。あのころの江夏を思いだすたびに、胸があつくなる。いつでも、あの日にもどれる。（略）その後、どんな醜聞に江夏がみまわれた時も、この気持ちはかわらなかった**〉など、ところどころに虎バカの顔がこぼれ出るのも見逃せない。

本文では控えめのタイガース愛が全開になるあとがきも必読。発行が２００１年４月だから、執筆は'99～'00年にかけてぐらいだろう。つまり、どん底中のどん底の時期。関西の深夜トーク番組の阪神特集に出演し、ＶＴＲを見ながら号泣したというエピソードには思わずもらい泣きしてしまう。

ちなみに本書は２００８年と２０１７年に文庫化されている。'03年と'05年の優勝を経験した時期のちくま文庫、気がつけば12年優勝から遠ざかっている状況で出た朝日文庫。それぞれのあとがきを読み比べてみれば、阪神タイガースというチームとファンの絆（腐れ縁ともいう）がくっきりと浮かび上がって見えてくる。

023 阪神タイガース 1965-1978

中川右介／角川新書／2016年

村山、江夏、田淵がいた時代を豊富な資料から再現する歴史物語

阪神タイガースの歴史を綴った本はたくさんあるが、「1965−1978」と期間を区切ったのが異色である。タイガースの歴史を扱うなら、普通に考えて1985年は外せないだろう。それをなぜ'78年で止めるのか。その理由を著者はこう説明する。

〈八〇年以上の歴史のなかで、なぜこの時代を選んだのかといえば、いちばんドラマチックだからだ。タイガースの「正史」である『阪神タイガース　昭和のあゆみ』（一九九一年三月三一日発行）ではこの時代を「延々と続いた苦難の時代」と題しているが、

まさにその苦難の時代を描きたい〉

ならば優勝の前年、1984年まででもいいような気がするが、実はこの1978年とはタイガース史上、極めて重要な年なのだ。40代以上のファンならピンとくると思うが、この年は球団史上初の最下位となり、シーズン終了後に田淵幸一が新球団・西武ライオンズにトレードされた。さらに、新監督に外国人ドン・ブレイザーを招聘し、田淵（と古沢憲司）の代わりに真弓明信、若菜嘉晴、竹之内雅史、竹田和史がやってきた。しかも、江川卓と読売巨人軍による「空白の一日」事件があり、江川とのトレードという形で小林繁が入団した。いろんな意味で節目の年だったのだ。

〈すべて文献資料にあたり「事実」を記述していく。／「歴史」である以上、フィクションは一切ない。いつ、どこで、誰が、何をし、何を語ったのかは、すべて文献資料に基づいて再現する。だが「記録集」ではない。あくまで「物語」なので主人公を置き、彼らを中心にして記述していく。その主人公とは、村山実、江夏豊、田淵幸一の三人だ〉というのであれば、田淵放出の'78年で区切るのも理解できる。

1年ごとにペナントレースの展開とストーブリーグの動向を追うようにして本書は綴

られる。著者の言葉どおり、〈文献資料にあたり「事実」を記述していく〉スタイルなので、どこかで読んだことのある話は多い。とはいえ、よほどのマニアでなければそんなに数多くの資料に目を通しているわけではないし、資料によって内容が食い違っていることも珍しくない。そこを細かく比較検証している点は読みごたえあり。

たとえば江夏入団の経緯について、江夏の自伝である『左腕の誇り』と当時のスカウト河西俊雄氏の評伝『ひとを見抜く』の記述を比較しながら読み解くあたりは「へぇ〜」と思うし、村山が選手兼任監督になった際の村山と吉田義男の自伝の記述の違いは二人の関係、性格をしのばせて興味深い。

ただし、ここで注意しなければいけないのは、自伝や回想録に書かれたことが必ずしも「事実」とは限らない、ということだ。本人に悪気はなくても、自分の都合のいいように記憶が改竄《かいざん》されるのはよくある話。江夏がシーズン最多奪三振の新記録となる354個目の三振を王から奪ったことについて、江夏の自伝では王から取ると決めていたということになっている。勘違いでタイ記録の353個目を王から取ってしまったため、次の王の打順までの8人を「三振させずにアウトを取る」という神業を実行した——というエピソードはよく知られているし、本書もそれに沿って書かれている。

ところが、当時の新聞には〈新記録は四回の王につぐ五回の長島で取りたかったんだが…。二つ王が重なったのはたまたまそうなっただけ〉という江夏のコメントが載っているのだ（1968年9月18日付神戸新聞）。「週刊ベースボール」（1968年10月7日号）でも江夏は〈よし、セ・リーグ新記録の三振は王さん。日本新記録は長嶋さんでいくか〉と語っている。よって、「新記録を王から狙って取った」というのは、江夏がのちに自伝などで語ったことによって生まれた後付けの〝伝説〟と思われる（たまたまこの件は以前に調べたことがあったので、僭越ながら一応指摘させていただいた）。

豊富な資料をベースに、あの「苦難の時代」を再現する。丁寧で淡々とした筆致は、歴史家のそれのよう。が、ふと阪神ファンとしての私情が漏れてニヤリとさせられる場面がある。たとえば1968年のオールスターゲームについて、次のように記す。

〈前年は、江夏を三連投させ藤本の逆鱗に触れた川上だったが、この年も第一戦と第三戦にリリーフさせた。ジャイアンツの堀内と金田は一試合しか投げさせず、江夏やドラゴンズの小川、カープの外木場と他チームのエースは二試合に投げさせた。全セ監督と

いう特権を駆使して、少しでも他軍の戦力を疲弊させる作戦は相変わらずだ。これが川上野球なのである〉

1973年シーズン最終戦の暴動シーンでは〈**ジャイアンツ選手は逃げるようにベンチから引き上げ、川上監督の胴上げはロッカールームで行なわれた。タイガースはジャイアンツの九連覇を阻止できなかったが、タイガースファンはグラウンドでの胴上げを阻止したのである**〉って、そこでドヤ顔はどうなのか。

そしてもうひとつ驚くのは、当時の投手起用のむちゃくちゃさだ。先発完投した江夏が翌日リリーフに出てくるなんてシーンは私も見てはいたが、あらためて詳細に登板経過を示されると驚き呆れる。特に巨人戦には江夏か村山をぶつけるのが常道で、3連戦なら江夏、村山、江夏が先発なんてのはザラだった。1970年、37試合に先発（救援も15試合）した江夏は、そのうち13試合が巨人戦。全対戦の半分である。こんなことが平気で行われていた時代、そりゃドラマチックで面白いはずである。

024

本当は強い阪神タイガース

鳥越規央／ちくま新書／2013年

セイバーメトリクスにより分析する
タイガースの真の実力と問題点

「本当は強い」といっても、「阪神は〝やればできる子〟なんだよ！」とか「今年は藤浪20勝、メッセ15勝、能見も15勝で岩貞12勝、青柳10勝で秋山も8勝はいけるとして、小野と横山で10勝してくれればリリーフ陣に勝ちが10はつくから……おお、１００勝いけるじゃん！」とか、そういう非科学的妄想の話ではない。阪神タイガースの戦力をデータの面から徹底的に分析し、「こうすれば（もっと）強くなる」という可能性を示した本だ。

著者は、2012年開幕前のスポーツ紙の記事でタイガースを優勝候補筆頭に挙げた統計学者。特に虎バカというわけではなく、セイバーメトリクスによる分析結果に基づいた予想である。その予想というか分析は見事にはずれたわけだが、〈二〇一二年の低迷は、主力の不調や怪我などの、誰もが予想しない事態に起因するところもあると言えよう〉って、いやいや、そういうことが起こるのが野球ってもんでしょう。

それでも〈**阪神タイガースの戦力は、セ・リーグの中でも弱いほうではないし、選手の潜在能力が高いことはデータからも示されている。しっかりデータを分析し、合理的な戦い方に徹すれば、強さを存分に発揮することが可能なはずだ**〉と主張。えーと、それはつまり「ベンチがアホ」ってことですか？

では、どうすれば本当の強さを発揮できるのか。出塁率や長打力などのデータから著者が導き出した「得点期待値」の最も高いオーダーは次のとおり。

一番・鳥谷、二番・福留、三番・新井良、四番・西岡、五番・新井貴、六番・マートン、七番・大和、八番・藤井、九番・投手。

福留・二番、西岡・四番というのは意外だが、〈出塁率の大きな選手はなるべく早い打順に据え、何度も打席を回すようにする〉という考え方で、計算上はこのオーダーが最も得点を期待できるのだとか（期待値5・464）。が、計算の基になっているのは2012年の数字で、しかも福留、西岡については渡米前最終シーズンの数字というのだから、そもそもの前提に無理がある。マートンにしても2012年と2013年じゃ別人だし、チーム状況によって個人成績も変わるわけで、正直、机上の空論としか思えない。

打撃に関しては「その打者が仮に一番から九番までを打ったら、一試合平均、何点取れるか」を示す「RC27」という指標もあって、プロ野球全体の歴代1位は王貞治、阪神の歴代1位はバース……って、そんなもん計算せんでもわかるやろ！

一事が万事この調子で、残念ながら「そんなことわかっとるわ！」という話が多かった。むしろ本書で注目すべきは、巻末に収録された著者と野崎勝義元球団社長との対談だ。野崎氏は1996年に阪神電鉄からタイガースに球団常務として出向。2001年から2004年まで球団社長を務め、星野監督招聘や組織改革に携わった。本書刊行時は関西国際大学客員教授という立場だったが、とにかく舞台裏をぶっちゃけまくりなのである。

まず驚いたのは、'96年の藤田平辞任後の監督にメジャーからスパーキー・アンダーソンを招聘しようとしていたということ。しかもほぼ合意に達していたが、スパーキーの奥さんが「わざわざ異国に行って苦労したくない」と反対したことで流れて、急遽吉田監督になったとか。そんな話、知ってました？

一方で、球団のぬるま湯体質もズバズバ指摘。

〈とにかく波風を立てない人のほうが重宝される。新しい企画を持っていく者よりも、出てきた企画に難癖をつけてそれを潰す人のほうが、リスクを下げたとして評価される〉

〈たとえばあるスカウトは、一〇年間で一人も選手を推薦していないのに、大きな顔をしてそこそこの給料をもらっていました。自分の推薦した選手が入団してあまり活躍しなかったら、そこには当然責任が発生してしまうと思って、だから誰も推薦しない〉

〈野田浩司と松永浩美のトレードもそうですけど、恐らくその頃の編成担当が元選手でものすごく性格の良い方だったから、やり手の井箆（重慶・オリックス元球団代表）さんにうまく言いくるめられたんでしょう〉って、そこまで言っちゃっていいんスか？

もちろん批判ばかりでなく前向きな提言もあって、〈とにかく若手に関しては試合数を増やさなければいけません〉〈だから独立リーグに選手を預けるのがいいと思うんです〉といった意見には同意。また、ストップウオッチ片手に全国のアマチュア野球選手をチェックしている小関順二氏（本文中では仮名になっているが、どう見ても小関氏）のような人と契約してデータをもらえばいいと提案。実際、小関氏と会ったりもしたらしいが、〈電鉄からの出向者も含めた編成部門の連中は、「そんな素人なんか入れたら、プロの名折れだ」と言って反対した〉という。

全部事実かどうかはわからないし球団側にも言い分はあるだろう。が、「ベンチ（フロント）がアホ」と思っている人ならば、この対談だけでも読む価値はあると思う。

025

阪神タイガースファン名言珍言集

猛虎魂会／中経出版／2008年

名言珍言ヤジから読み解く タイガースファンの思想と生態

私事で恐縮だが、年に何度か嫁と球場に行く。もともと嫁は野球に興味がないというかルールもよく知らない人だったが、結婚した年に甲子園に連れていったら、ハマってしまった。野球にではなく、阪神にでもなく、阪神ファンにハマったのだ。嫁いわく「阪神ファンを見ているだけで面白い」。ひとつのプレーに球場全体が一喜一憂し、当意即妙のヤジやグチを繰り出す。勝てばもちろん、負けても最後まで野球を楽しみ、「今日はこのぐらいにしといたるわ！」と帰っていく阪神ファンにグッときたらしい。

本書は、そんな阪神ファンの思想と生態にスポットを当てたものである。いや、「生態」はともかく「思想」は大げさだろ、と他球団ファンは思うかもしれない。しかし、本書を読めば、「阪神ファンである」ということは単に趣味嗜好の問題ではなく思想なのだ、ということが嫌というほどわかるはずだ。

ページを開いて最初に目に飛び込んでくるのが**〈人生はものごとを面白くしたものが勝つ〉**という巻頭言。いきなり結論が出てしまったようなものだが、これこそ〝阪神ファン道〟の神髄だろう。

たとえば暗黒時代について、大阪の48歳・男性は「ほんまはちっとも耐えてないで。忍んだりするかいな。阪神ファンは話を面白くするために、子どもやら関東の人らに向けてそう言うてるだけや」と言ってのける。それを受けて著者は**〈要するに勝つことばかりを求めてはいないので、負けを楽しめる知恵がある〉〈勝ったら喜びを爆発させ、負けたらぼろくそに言って負けをも面白がっているだけである〉**と記す。これには虎バカ諸氏も深くうなずくのではないか（まあ、負けるにも限度ってものはあると思うが）。

女性ファンもさすがの筋金入りである。

「徳川みたいにずっと天下を自分のものにしようとするのではなく、気分が乗ったときだけしゃーっと天下をとるところが面白い」（38歳・大阪）って、関ヶ原まで遡るか？「今は成績がいいけど、いつまたダメ虎になるかわからへん。ワタシがついてな誰が見たるん？」（36歳・大阪）とオカン的発言があるかと思えば、「阪神にもチアガールを！　という署名運動があるらしいけど、阪神にはそんなものはいらん」とバッサリ切り捨て「〝おっちゃんの組体操チーム〟とかなら許す」（28歳・滋賀）なんて意見も。そこまでして笑かさんでも……と思うけど、これが阪神であり阪神ファンなのだ。

「面白ヤジ迷言珍言集」「助っ人外国人列伝」といった企画はこの手の本では定番だが、「シーツーッ！　干すぞーっ！」「シーツーッ！　敷いてまうどーっ！」「シーツーッ！　たたむぞーっ！」「シーツーッ！　めくったろかーっ！」「シーツーッ、さっきはごめんなぁ。まちごうたわー、オレを包んでくれーっ」とたたみかけられると、つい笑ってしまう。

「トラキチオヤジたちの遺言集」で、「甲子園に散骨してくれ」「葬式には『六甲颪』を鳴らしてくれ」という声多数なのは当然として、「甲子園のツタの土に散骨を。ツタのエキスになって甲子園にからみついたる〜」はちょっと斬新。〈一敗で　大連敗を　心配し〉〈大量点　明日にとっとけ　もったいない〉〈地獄見た　暗黒くぐった　４位で十分〉〈ネタ外人　今年も来たで　どないする〉といった阪神川柳も共感の嵐である。

発行は２００８年10月。ある意味、極めて阪神らしいオチがついたシーズンだった（開幕から絶好調で7月22日にマジック46が点灯するも、巨人の異常な追い上げで最大13ゲームあった差を最後の最後でひっくり返され、82勝もしたのに優勝できなかったという……）。勢いで作った感はあるものの、バラエティ豊かな「阪神ファンあるある」ネタが詰まった一冊は、連敗中に読むとさらに味わいが増すに違いない。

026 阪神タイガース へぇ～77連発!!

一ツ橋猛虎会編／小学館／2003年

むりやりなネタも少なくないが、そのゆるさも阪神っぽいトリビア本

帯に「タイガースV緊急出版」とあるように、2003年の優勝が決まってからの出版だ。そういう意味では便乗本だし、タイトルの「へぇ～」も当時流行っていたバラエティ番組「トリビアの泉」（フジテレビ系）に乗っかっている。さらに「77連発」という数字は星野監督の背番号にちなんだもので、いかにもノリで作った感ありあり。

実際、私の場合、77項目のうち半分以上は知ってるネタだった。どのネタを知ってるか知らないかは人によって（年代によって）も違うだろうが、〈下柳剛は、プロレスの

リングに上がったことがある〉〈「神のお告げ」を理由に帰国した助っ人がいた〉〈阪神は、野球の試合でたけし軍団に負けていた〉〈野球選手を引退後、「必殺仕事人」になった男がいた〉〈1985年の優勝以前、阪神の最下位は一度だけだった〉〈『六甲おろし』という曲はない〉なんてのは、「へぇ〜」ボタンを押すわけにいかない。

しかし、なかにはホントに「へぇ〜」と言いたくなるものもあった。

〈井川慶は、野村監督の辞任を近所のおばさんから聞かされた〉というのは、あの井川ならありそうだが、個人的には初耳だ。

〈村山の通算勝利が222勝。長嶋の通算本塁打が444本〉と、ここまではまあ知ってる。が、**〈そんな2人の通算対戦回数は333回だった〉**って、へぇ〜。数字の偶然にすぎないが、やはり因縁を感じる（記録マニアには有名な話なのかも?）。

〈川藤幸三の兄は、巨人の選手だった〉ってのもマジで知らなかった。まあ、巨人の選手なんて知らなくても痛くもかゆくもないが、解説によれば〈兄・竜之輔はロッテから巨人に移籍したピッチャーで、通算成績は49試合で4勝5敗、防御率3・60〉だったという。手元にある『日本プロ野球歴代全選手写真名鑑』（ベースボール・マガジン社／

２０１５年）を見てみたら、確かに川藤幸三、川藤竜之輔と並んで載っていて、竜之輔のほうには〈幸三の兄〉との記述があった。

川藤といえば**〈川藤幸三は、盗塁王になったことがある〉**とのネタも。いやいや、確かに入団当初は俊足の外野手で代走に使われることも多かったけど、盗塁王は獲ってないだろ。と思って解説を見たら、実はウエスタンリーグの盗塁王だった。

こういう引っかけ問題はほかにもあって、**〈１９９９年、阪神は松井と清原に戦力外通告をした〉**というのは、もちろん松井秀喜と清原和博ではなく、松井達徳外野手と清原雄一投手のこと。どちらも他チームを自由契約になったのち阪神にテスト入団した選手で、**〈両選手とも一軍での目立った活躍はなかったものの、松井と清原には違いない。…あ、それ以上ツッコまんといて！〉**って、自分でも無理があるとは思ったのね。

トリビアネタがイマイチでも、そんなふうに解説文でフォローしようという努力は買える。**〈赤星憲広は、ＪＲの車掌の資格を持っている〉**なんてのは阪神ファンには常識だが、**〈ＪＲの資格なので、残念ながら阪神電鉄は無理〉〈速いのは何も足だけではない。携帯の着メロを変えるのも早い！〉〈「鈴木あみ」の等身大ポップも大切にしているとの**

噂〉など、それこそ「ムダ知識」を繰り出してくる。とはいえ、〈**叶美香は、かつて「阪神ギャル」としてテレビに出演していた**〉となると、もはや阪神トリビアというより「叶姉妹トリビア」では……。

そんなふうに玉石混交（石多め）のトリビア本だが、ラストを飾る77発目のネタは〈**2003年、阪神タイガースは日本一となった。…らいいなあ…**〉。解説では、日本シリーズについて〈初戦は最多勝のエース・井川。いきなりノーヒット・ノーラン達成の快挙！　第2戦は、最優秀防御率に輝いた伊良部が2ケタ奪三振の力投！　そして第3戦はムーア～ウイリアムスの黄金リレーが決まり、3連勝で王手！〉と予想というか妄想する。現実はそううまくいかなかったけど、あの年は優勝で満足しちゃって日本シリーズは正直オマケみたいな感覚だったから、あまり悔しさもなかった。本書も最後で〈圧倒的な強さで日本一を決めたったで～！　こりゃワールドシリーズでも優勝できるで!!〉とデカいことを言ってはいるが、何となくリーグ優勝で満足的なゆる～い雰囲気が漂う。そのゆるさもまた、タイガース&タイガースファンっぽくはある。

027

大阪学 阪神タイガース編

大谷晃一／新潮文庫／2003年

大阪と阪神タイガースの切っても切れない関係をひもとく

大阪の文化・風土を研究解説した大阪学シリーズの一編。野村監督が就任した1999年に『大阪学特別講座Ⅰ　阪神タイガース学』として出版されたものを、星野監督就任にあたって大幅に加筆修正のうえ文庫化した。

のっけから**〈大阪といえば阪神タイガース。阪神タイガースといえば大阪である〉**とくる。いや、タイガースの本拠地・甲子園球場は兵庫県西宮市やろ、と野暮なツッコミは言いっこなし。そんなことは著者は百も承知。〈私がいう「大阪」とは、おかみが決めた行政区画を意味しない。大阪府のことでもなければ、大阪市のことでもない〉〈神戸の芦屋や東灘区あたりまでは十分に「大阪」である〉と記されているように、広く文化圏的な意味での「大阪」である。

そこでまず登場するのが、大阪の阪神ファンと東京の巨人ファンの比較。データとしてはやや古いが、1997年の「明治生命・関西を考える会」の調査結果を引き、〈ファンの数で比べたら巨人に遠く及ばない。しかし、地元への密着度では圧倒的に阪神に軍配が上がる〉と述べている。

その調査結果を見ると、関西では「タイガース一筋、コテコテの阪神ファン」が16・7%、「タイガースが勝った時は嬉しいと感じる程度の阪神ファン見習い」が28・0%であるのに対し、関東で「ジャイアンツ一筋、飯より好きな巨人ファン」は12・9%、「ジャイアンツが勝てば嬉しいと感じる程度の巨人ファン見習い」は30・2%となっている。数字に大きな開きはないが、関西の阪神ファンのほうが、関東の巨人ファンより熱心度は高いと言えるだろう。

一方、明らかな差が出ている数字もある。関西で「タイガースは嫌い」が7・2%なのに対し、関東で「ジャイアンツが嫌い」は、なんと27・0％もある。その理由として、東京には地方出身者が多いこと、東京出身の人でもヤクルトや横浜のファンはアンチ巨人になることなどを挙げているのは「そらそうよ」としか言えないが、弱くても応援する阪神ファンについて、**〈大阪人が応援する球団が阪神タイガースなのではない。阪神タイガースを応援するのが大阪人なのである〉**と言い切る姿勢はすがすがしい。

もちろん著者自身も大阪人であり阪神ファンにしてアンチ巨人。大阪生まれで関西学院大学卒業後、朝日新聞入社。同社大阪本社編集委員を経て、帝塚山学院大学教授に就任、のちに学長となる――という立派な経歴ながら、1975年、長嶋監督1年目の巨人の最下位が決まった瞬間、思わずバンザイしたというから大人げない。

「大阪学」と銘打っている以上当然ではあるが、大阪vs東京と阪神vs巨人の構図を重ね合わせての論考が多くの部分を占めている。

〈プロ野球の始まりに当たり、たまたま東京と大阪にプロ球団が誕生したのではない。そうでなければならない時代の要請があった。／東京と大阪。日本が発展するには、この東西の軸がしのぎを削り、日本全体をリードしていく必要があったのである〉

〈しかし、やがて日本は成長するだけしてしまう。豊かで安定した世の中になってくると、強力な牽引車は必要なくなる。（略）そんな時代の空気が巨人・阪神の時代を終わらせたのである。／「地方の時代」という言葉もあった。プロ野球でも広島や中日が強くなった。何も巨人に対抗するのは阪神だけである必要はなくなった〉

確かに、巨人のV10を阻んだのは阪神ではなく中日だった。長嶋巨人が最下位になった年に優勝したのは赤ヘル軍団・広島カープである。バブル前夜の1985年にお祭り野球で虎フィーバーを巻き起こして以降、タイガースは泥沼に沈んでいった。

しかし、時代はめぐっていく。

〈大阪的価値観が、いまふたたび、日本に必要とされている。日本経済が下り坂を転がり始めたからである。いまこそ日本にエネルギーが必要な時期である。西鶴が書いた大阪商人たちのあの地べたを這いずり回るようなエネルギー。人間本来の底力。あれを日本中が必要としている。／それを察知してか、阪神を生き返らせるために、星野が来た。これに呼応して阪神ファンも本格的に熱い。これは偶然ではない。やはり時代の要請である。大阪パワーの復権である〉って、星野は岡山の人ですが……。まあ、広い意味では関西だし、アンチ巨人の権化みたいな人だから、それでいいのか。

　この本の発売時点でまだ優勝は決まっていない。が、あれだけ独走状態なら、さすがの阪神ファンも優勝を本気で期待する。「星野阪神の強さはホンマもんやで」「そうやな」「毎年勝ちよるようになるんとちゃうか」「それは困る」「なんでや」「毎年毎年じゃ、身がもたんわ。ありがたみも薄くなるで」なんて会話をファンの声として書き記しているが、それこそ著者自身の偽らざる気持ちだろう。

028

阪神タイガースの謎

「虎吉」が驚く？ プロ野球ファンも喜ぶ！

唐渡吉則監修・造事務所編／実業之日本社／2015年

オクラホマ州議会議員となったバースの政治活動のテーマとは⁉

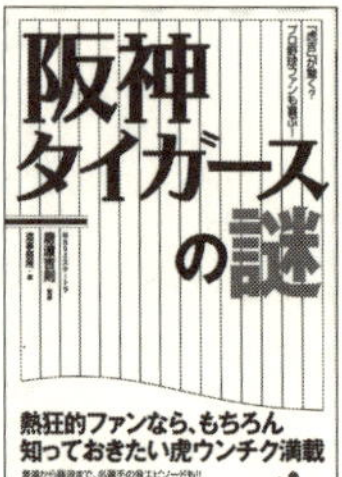

サブタイトルの「虎吉」という表記については〈われわれは「熱狂的な阪神ファン」のことを、「虎」に「吉」をもたらすと書いて、『虎吉』と呼ばせてもらいます〉との説明がある。インターネットの隠語的な居心地の悪さを感じなくもないが、それはさておき中身のほうはストレートなうんちく本だ。

球団創立80周年にちなんでの刊行ということで、まずは草創期のネタから始まる。

〈タイガースの初代オーナー松方正雄。実は、あの偉い人の息子だった⁉〉

いや、そもそも初代オーナーの名前なんか知らんがな。つーか、どうせ当時の阪神電鉄の社長でしょ——と思ったら、そうじゃないらしい。歴代オーナーで唯一、阪神電鉄の経営に携わる人物でなかったのが、この松方正雄だという。草創期のプロ野球の発展に尽くしたということで１９８６年に野球殿堂入りもしている。

で、誰の息子なのかというと、第４代内閣総理大臣・松方正義の息子なんだとか。そういわれても伊藤博文、大隈重信、山縣有朋あたりと比べると、いささか印象が薄いのだが、本書によれば〈正義には26人も子がおり、明治天皇から子の数を聞かれて困り、「後日調査のうえ、ご報告申し上げます」と答えた〉というからすごい。タイガースとは全然関係ないが、このうんちくにも「へぇ～」である。

その26人のうちの四男だった正雄は〈若くしてアメリカに留学し、ペンシルベニア大で俊足の二塁手として活躍。アメフトでもレギュラーだった〉とは、これまたすごい。

ほかにも、３代目オーナー野田誠三が甲子園を設計したとか、創設時の背番号は氏名をいろは順に並べて決めたとか、草創期のネタは意外性たっぷり。'70年代以降になると知ってるネタが増えてくるが、これは私がそのへんからリアルタイムで見ているからで、若い人にとっては初耳の話も少なくなかろう。あの'85年の優勝にしても、30代より下の人にとっては生まれる前の話。バースなんて伝説上の選手かもしれない。

そのバースが引退後、故郷で州議会議員になっていることは知っていた。が、〈**いかに税金を安くするかというテーマで、政治活動を行なっている**〉って、何その情報⁉ さすが神様仏様バース様、庶民のために頑張っておられるのだなあ。

逆に、2000年代以降の出来事なのに、すっかり忘れちゃってるものもある。

たとえば「F1セブン」を全員言えますか？ 赤星、藤本、沖原、上坂あたりまでは出てきても、あとの3人はなかなか難しいのでは？

「JFK」のジェフ・ウィリアムス、藤川球児、久保田智之を知らない阪神ファンはいないと思うが、同時期に中継ぎとして活躍した「SHE」は覚えてる？

……………はい、正解は前者が平下晃司、松田匡司、高波文一、後者は桟原将司、橋本健太郎、江草仁貴である。

マニアックさに感心したのは、鳥谷敬の〈**マシーンと呼ばれる驚きの記録とは？**〉の項。めったに表情を変えず淡々とプレーする鳥谷について、〈本当に機械でできているのか？　と思わせたのが、２０１１（平成23）年の最終成績だ〉と指摘する。

どういうことかというと、**〈打率・３００（５００打数１５０安打）。これだけでもかなりマシーン的なのだが、【対右投手】打率・３００（３１３打数　94安打）【対左投手】打率・２９９（１８７打数　56安打）という、あまりの正確さで驚かせた〉**って、確かに驚くけど、そんな数字を発掘するほうもどうかしてる。

'71年のオールスターでの江夏豊の9連続奪三振は有名だが、実は前年と翌年のオールスターと合わせれば15連続だったという記述も個人的にはグッときた。

関西の阪神ファンにはおなじみの「ミスタートラ」こと唐渡吉則監修――ということになっているが、名前を貸しただけでおそらく内容にはタッチしていないだろう。それでも、しっかりタイガース愛がある。それもそのはず、ライターとしてクレジットされている菅野徹氏は「自称阪神タイガース評論家」として知る人ぞ知る〝虎吉〟なのであった。

第４章

有名人虎バカ本

有名人にもタイガースファンは多い。作家はもちろん、タレント、アナウンサー、イラストレーター、学者まで、錚々《そうそう》たる顔ぶれが並んでいる。しかし、どんな有名人もタイガースを語ると、ただの虎バカになってしまうから恐ろしい。

029 マンボウ阪神狂時代

北杜夫／新潮社／２００４年

ヨガのポーズでテレビに念を送り、巨人を口汚く罵る芥川賞作家の日常

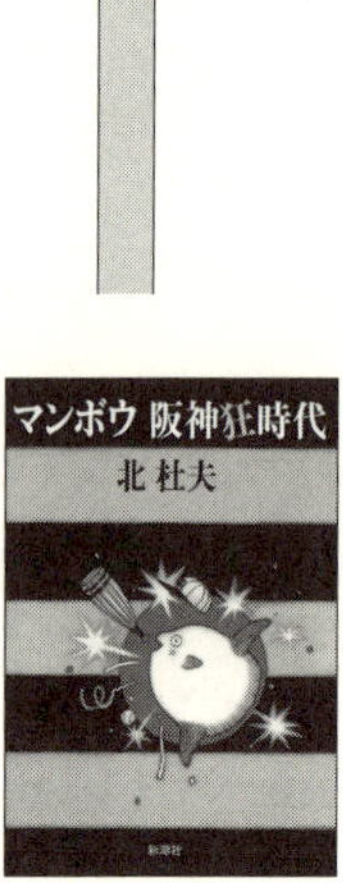

２０１１年に亡くなった小説家・北杜夫。小学生のときに『船乗りクプクプの冒険』を読んで以来、『どくとるマンボウ』シリーズや『怪盗ジバコ』など、ユーモアあふれるエッセイや小説をたくさん読んだ。純文学系の作品はあまり読んでなくて恐縮だが、私の世代では星新一、筒井康隆とともに〝読んでて当たり前〟の作家であった。

一方で北杜夫は、熱狂的な阪神ファンとしても有名だった。エッセイやインタビューでもしばしばタイガースについて語っており、しかもその内容が相当に常軌を逸してい

るので、「ああ、これがトラキチというものか」と子供心に思ったものだ。

そんな北杜夫の阪神に関するエッセイや対談を集めたのが本書。一番古いのが1962年掲載の「プロ野球禍」と題されたエッセイで、そこには次のように記されている。

〈毎年、夏の終わりには阪神は優勝戦線から脱落し、私はあきらめて仕事を開始し、したがって秋口は必ず仕事の能率があがった。ところがことしは、まさに十五年ぶりに優勝しそうな気配で、テレビのある日は仕事などできたものでない。（略）このまま阪神が優勝するまで私は仕事ができまいし、万一優勝しそこなったら半年は寝こんでしまうであろう〉

なんと、50年以上前から阪神ファンは同じようなことを言っていたのだ……！

昔も今も観戦時にゲンを担ぐ虎バカは多いと思うが、その点でも北杜夫はハンパじゃない。最初のうちは〈阪神の攻撃中にたまたま煙草を喫っていてヒットが出ると、あとやたらと煙草を喫いづめにするくらいのこと〉だったのが、徐々にエスカレート。これも有名な話だが、ヨガのようなポーズでテレビに向かって念を送るのが北杜夫の観戦スタイルなのである。

〈私は足をぴんと張り、上体を柔らげ、しかも首を六十度の角度の状態で、四たび田淵にホームランを打たせた。また足を折り、上体を更にエビのように折り曲げて苦痛の念に堪えつつ、巨人のチャンスをゲッツーに打ち取ったこと幾たびか〉と、その効果は〈本人的には〉絶大。さらに〈この夜は単に足を折るだけでなく、二重に組み合わせてねじまげるというポーズを採用することにした。山本は涙ぐましいほど相手打線を抑えている。それを応援するためには、たとえ足の骨が複雑骨折する危険も冒そうと思った〉とは、見上げた虎バカ魂である。

'85年には、やはりゲン担ぎで〈九か月間同じパジャマを着つづけました。脱いだら負けるんだから脱げやしない〉なんて話も。まあ、作家の書くことだから多少大げさに盛ってる部分はあるにせよ、期待されて入団しながら全然ダメだった新人投手をノイローゼと判断し、球団あてに便箋十枚にびっしりノイローゼの治し方について書いた手紙を送ったり、〈試合中に甲子園に電話して、広報のエラい人をつかまえて「投手を代えろ。すぐ吉田に伝えるんだ！」なんて、どなったこともありました〉って、それは単に迷惑な人のような気が……。巨人嫌いも相当なもので、〈クロマティは打ちやがった〉〈また

もやクロマティが捕りやがった〉と、芥川賞作家とは思えない言葉も飛び出す。

とにかく全編にわたって、大人げなさ全開。躁鬱病でも有名な作家ゆえ、躁状態での暴走もあるのだろうが、阪神というチーム自体が躁鬱的なところがあるわけで、そういう意味ではまさに〝このチームにしてこのファンあり〟だ。

〈予定では、二〇世紀じゅうに死ぬはずでしたから、生きて、タイガースの優勝をもう一度見ることが出来るなんて、想像もしませんでした〉と冒頭で述べられているように、2003年の優勝を記念しての出版。最後は〈五十年でタイガースの優勝を四度も見られて、僕は、幸せでしたね〉との一文で締めくくられているが、その2年後にまた優勝したので、亡くなるまでに5度の優勝を見たことになる。同じ期間に33回の優勝を見た巨人ファンと、どちらが幸せかは言うまでもないだろう。

030

正しい阪神の応援のしかた

月亭八方／現代書林／1985年

〝トラキチ芸人〟のボスキャラが21年ぶりの優勝めざし吼えまくる！

阪神ファンで有名な芸能人はいろいろいるが、なかでも大御所というかボスキャラ的な存在が月亭八方である。大阪生まれの大阪育ちで、自然とタイガースファンになり、浪商高校（当時）では野球部に入部。が、2年先輩に高田繁がいて、あまりのレベルの違いに衝撃を受け、3カ月でやめたという。'85年にはダイハツから発売されたタイガースミラに乗り、'99年にはあの純金ノムさん像を買ったというからアホである（ほめてます）。

その月亭八方が、'85年の虎フィーバーに乗って出版したのが『正しい阪神の応援のしかた』。8月20日発行なので優勝はまだ決まっていない時期だが、そんなことはお構いなし。「21年分の鬱憤をここで一気に晴らさせてもらいまっせ！」とばかりに、イケイケドンドンの放言、暴言が炸裂しているのであった。

阪神ファンの条件として、まず〈度量の大きい人間であること〉を挙げているのは、よくわかる。〈都会人でないとあきまへん〉〈頭とセンスが必要です〉ってのも、まあいいだろう。でも、**〈貧乏人は阪神ファンになれません〉**とはどういうこと？　どっちかというと巨人ファンのほうが〝貧乏人お断り〟なイメージでは？　と思ったら、**〈第一に、スポーツ新聞を毎日、全部買わんならん〉〈新聞のほかにも、球場で応援するために、入場料がいりますわ〉〈球場に行けば、ビールを5ハイや6ハイは飲みますわ〉**って、そういうレベルの話してる時点で貧乏くさいわ！

一方、〈なにがなんでも阪神を優勝させる法〉の章では、トンデモアイデアが続出。甲子園のマウンドを上下させたり外野フェンスを前進後退させたりできるようにするなんてのは小学生でも考えそうだが、〝A級戦犯〟を阪神電車の先頭車両の前面にしばりつけて、梅田－三宮間を〝ざんげ特急〟として走らせる……って、死んでまうわ！

審判を阪神出身の選手で固めよう、という案も出ているが、そこで名前が挙がっているのが、なんとあの人。

〈去年まで阪神におった橘高とかいう捕手が、試験に受かって今年から審判でデビューしとるんやった。よーし、さっそく「橘高後援会」を結成しよう〉。……その後、まさかジャンパイアと呼ばれるようになるとは、想像できませんわなあ。

他球団に対する口撃も激しく、大洋ホエールズには〈ペナント取るより鯨を取れ〉〈すみやかに解散して、高木豊と遠藤を阪神によこしなさい〉、広島カープには〈金がなくて困ってるらしいやないの〉〈いっそのこと無理をせずに、広島市民は球団を解散させるべきです〉と、とにかく解散を勧告する。ヤクルトに至っては〈無条件で解散しなさい〉〈力がプロのレベルに達しておらん〉〈第一、オーナーが巨人ファンというのがケシカラン！〉〈ヤクルトを飲み過ぎるとアホになるしね。いいことは何もない〉とケチョンケチョン。

他球団のファンに対して〈彼らは何を考えて生きておるのか、頭脳構造がどうなっとるのか確かめてみたい。脳細胞が、たぶん足りんのやろ。みんな子供のころハシカで熱が出た時に、おかしくなってしもたんですな〉ってのは言いすぎだと思うけど、**〈田舎モンの末路が巨人ファン〉〈「巨人ファンは人間をやめた方がいい」というのが私の持論やからね。そんな安易な人生を過ごしても、なんにもならん。社会のプラスにならん。つまりゴミと同じや〉**というのには、苦笑しつつも同意である。

しまいには〈阪神が優勝すれば物価が下がる〉〈阪神が優勝すれば夫婦円満になる〉〈阪神が優勝すれば家庭内暴力やいじめがなくなる〉〈阪神が優勝すれば三枚目がモテるようになる〉と何でもアリ状態だが、こと大阪に限っては本当にそうかも⁉

全体的にひいきの引き倒しで、かなり頭おかしい感じはする。今の基準で見ると、ちょっとどうかという表現も多い。でも、サブタイトルが「これ以上勝ったら気が狂う⁉」なんだから、まあ仕方ないっちゃ仕方ないわなー。

031

道上洋三のなんでもかんでもタイガース

道上洋三／桐原書店／１９８５年

担当番組を虎バカ化してしまった名物アナのトンデモ言行録

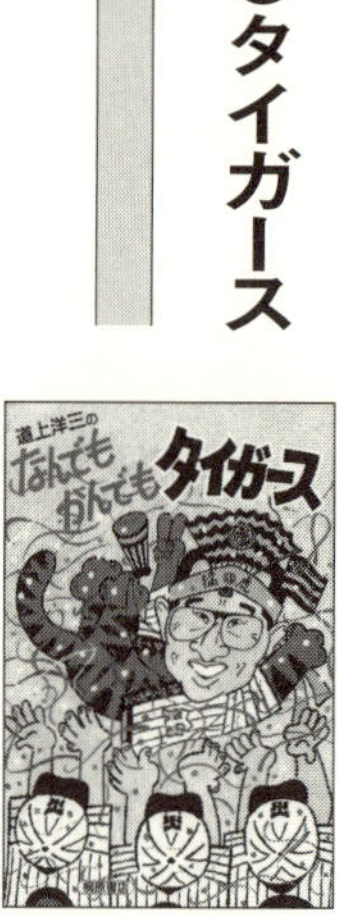

今年（２０１７年）４月に文藝春秋から『字が汚い！』という本を出した。おかげさまでちょっとした話題本となり、雑誌や新聞のインタビュー、テレビやラジオの出演依頼が結構来た。そのひとつがＡＢＣラジオの「おはようパーソナリティ道上《どうじょう》洋三《ようぞう》です」だった。関西で40年も続く名物番組で、ＭＣの道上洋三氏はトラキチで有名。阪神が勝った翌日には番組内で「六甲おろし」の替え歌を熱唱することでも知られている。

そんな道上氏が、１９８５年に上梓したのがコレ。タイガースへの思い、選手やＯＢ

のエピソードを語り倒した一冊である。

もちろん21年ぶりの歓喜の優勝に合わせて出版されたものだが、奥付は〈一九八五年十月十五日〉って、一日フライングしてますがな。あえて一日前の日付にしたのか、実際の発売日がいつだったのか、今となっては知る由もない。しかし、当時出た多くの虎バカ本のなかでも、思い入れ度はトップクラスだ。

何がすごいって、この人、アナウンサーである前に一人の虎バカなのである。もともとスポーツアナ志望だったのに〈タイガースへの思い入ればかり激しくて的確な実況描写ができず、おまけに〝トイレが近い〟という決定的な致命傷をかかえてあえなく三年で挫折〉というのにまず苦笑。

さらに〈ぼくはタイガースのファンなんであって、報道陣じゃないとずっと思ってますから、甲子園球場の記者席にも入ったことがない。あそこは声が出せないし、何よりただで見たんでは、万一負けた時に「こらぁ、なにやっとるねん」とどなりにくい。（略）だから、必ず料金払って見ることにしてるんです〉というから立派である。

その代わり、担当する番組「おはようパーソナリティ道上洋三です」は思いっきり私物化というか虎バカ化してる。タイガース優勝祈願でホノルルマラソンに挑戦、完走後にワイキキの浜辺からそのまま生放送（ただし、予想より時間がかかったため25分の遅刻）とか、キャンプインに合わせて優勝祈願三社巡りとか、何かというとタイガースがらみの企画を敢行。

もっとも、リスナーのほとんどが阪神ファンなので、それで何の問題もない。というか、むしろリスナーのほうが一枚上手で、「タイガースが優勝するまで、タバコ吸いません」と宣言したら、すかさず電話がかかってきて、「おまえ、一生タバコ吸えへんぞー」と言われたとか。

'83年には阪神と中日、どっちが優勝するかで板東英二と賭けをして、どっちも優勝できなかったら二人で滝に打たれると約束。当然のように優勝できず、落差31メートルの箕面の滝に打たれに行くことになったのだが、〈タイガースの応援団やリスナー十三人が「一緒に打たれたろう」と来てくれた〉というから、さすがタイガースファンは物好きが多い。

個人的に好きなのは「まえがきにかえて」に記された次のエピソード。

〈二才前の息子を連れて甲子園に行ったあの日、田淵がサヨナラホームランを打った。ヒザに抱いてた子どものことなどすっかり忘れてて、いきなり立ち上がり、バンザイを三唱。足元で泣いている息子を見て〝お前もうれし泣きか〟と抱き上げたらカミさんに思いきりドツかれた〉

こういう人、甲子園にはよくいる。そういえば私も甲子園で観戦中、タイムリーが出た瞬間に思わず立ち上がり、ヒザに置いてたカレーをズボンにぶちまけて、どう見ても〝ウンコ漏らした人〟みたいになったことがある。

ちなみに、その息子さんは本書の発売当時で小学2年生。〈あの時の青アザは今も腰にクッキリと残っている「男の勲章ダ」と言いきかせてある〉とのことで、虎バカの家に生まれるのも大変だ。それでも、巨人ファンの家に生まれ、安定志向と損得勘定だけを教え込まれるよりは、百倍楽しい人生だと思うけど。

032 トラキチ男泣き日記

江國滋／文藝春秋／1985年

娘・江國香織を阪神狂に育てた虎バカエッセイストの野球日記

エッセイスト、演芸評論家、俳人として知られた著者だが、今の若い人には「江國香織のパパ」と紹介したほうが通りがいいかもしれない。江國香織も名うての阪神ファンであるが、それもこの父の教育あってのこと。東京出身で関西に住んだことはないようなので、天邪鬼的性格ゆえのアンチ巨人&阪神ファンということか。

〈とにかくあの瞬間いうたら、二十一年間の緊張と鬱屈が、すーっ、と溶けて、頭の中がまっ白になってもうた。その空白の中で、ちら、と何を考えた思いはりまっか。／〈あーあ、この次、タイガースが優勝するとき、わい、七十二歳やで……）〉と、なぜか関西弁で綴った前口上のとおり、21年ぶりの優勝を祝して出版された。

その意味では便乗本ではあるが、中身は「小説推理」に'84年2月号から連載していた「野球日記」をまとめたもので、即席本とは違う。月刊誌で掲載までにはタイムラグがあるので、日記はその前年、'83年11月1日分から始まる。

11月22日分は、ドラフト会議の話題。〈実質は人買い市場〉〈中世の奴隷市場を思わせる入札風景を、テレビで生中継するのはいい趣味ではない〉などと辛辣な否定的表現を重ねながら、〈今年もまた、ついつい見てしまう〉というのだから業が深い（ちなみにこの年の阪神は、中西清起、池田親興らを指名している）。

'84年元日分には江夏豊から年賀状が届いたことが記されている。〈剛球新年　今年も筋書きのないドラマをたくさんお見せいたします〉との文面に、羽織はかま姿で右手にグラブをはめた江夏がキャッチャーのサインをのぞき込んでいるイラストが添えられていたらしい。そんな年賀状、私も欲しい！

シーズンオフは野球界のシステムやスポーツマスコミに対する小言が多いが、開幕すれば、やはり阪神の試合についての記述が多くなる。この年、開幕当初はそこそこ調子がよかったが、5月下旬に7対0からの逆転負けを含む6連敗を喫すると、《《おことわり》阪神不調のため「江國滋の野球日記」今月は休載します。／編集長にたのんで、そんな告知を出したい心境である。監督には「休養」が許されているのに、執筆者にはなぜゆるされていないのだ〉などとボヤきだす。

さらに8月から9月にかけて8連敗&6連敗のコンボを決めると、〈昨夜まで阪神は六連敗。それは許せる。許せないのは、ここ十六試合、一勝十四敗一分けという数字。（略）もう勝手にしろ、もう見放した、もう知らないッ、もうどうでもよろしい、と思いながらも、TVKの中継（対中日22回戦）を見てしまう〉というアンビバレンツな状態に。これもベテランの阪神ファンなら身に覚えのある感覚だろう。

そして、いよいよ1985年を迎えるのだが、開幕戦はご承知のとおり北村の隠し球アウトからのサヨナラ負け。〈きッたねえ、ズルーい、セコーい、卑怯ォ、許せない、アタマにくるゥ……〉とテレビに向かって毒づく娘二人（長女・香織、次女・晴子）を〈隠し球という行為は野球では合法なのだよ、合法である以上、ひっかかるのは引っかかるほうが悪い〉〈同じケースで逆に阪神が隠し球に成功していたら、おまえたちはなんという、やったね、カッコいい、と大よろこびするにきまっている〉と冷静に諭しながら、腹の中では〈くそッ、きたねえ手を使いやがって〉と怒り心頭の父であった。

この時点ではもちろん阪神が優勝するとは思ってもいない。しかし、5月、6月と進むうちに**〈このぶんでは、もしかすると、もしかするぞ。いやいや、そんなこと、あり得るわけがないじゃないか〉**と浮き足立ってくる。「野球日記」と銘打ちながらも、それまでは野球以外の日常や仕事のことなども綴られていたのだが、8月頃にはもう日々の阪神の勝敗に一喜一憂する様子しか書かれなくなっていく。

9月7日、8日の対広島2連戦は、文字どおり天王山の戦いだった。7日は雑誌の仕事で俳句同好会のゲスト兼一日宗匠として句会に参加した著者だったが、その最中もポケットラジオで試合中継を聴いていて、6回に佐野の逆転タイムリーが出たときには思わずバンザイしてしまったというから、周りの人も苦笑するしかなかっただろう。

8日は関東ではテレビ、ラジオとも中継なし。すると**〈晴子が「東京新聞スポーツニュース」なるテレフォン・サービスのダイアルを三十分きざみでまわして、刻々報じら**

れる途中経過を聞いては、そのつど書斎に知らせにくる〉って、あったなあ、そんなサービス。ネットで速報や動画が見れる今とは隔世の感がある。

著者のトラキチぶりも筋金入りだが、娘二人も負けてない。テレビやラジオの中継を父親と一緒に大騒ぎしながら視聴するのはもちろん、球場にも一緒に行くし、著者が取材や会合などで外出して試合を見られないときは試合経過を記したメモを机に置いておいたりする。父と娘がこんなに仲がいいのも珍しいのではないかと思うが、父娘というよりタイガースを愛する同志のような感覚なのかもしれない。

10月16日の日記は二重の意味で泣ける。胴上げシーンを見ないかとマスコミ各社から誘いがあったのを著者は断り、自宅で娘二人とその瞬間を迎えた。なぜなら**〈二人のトラキチ娘どもの、いま、この瞬間の歓喜の表情をしっかり目にとどめておきたかったからである〉**って、パパ素敵！　もっとも、当の娘たちには「なんてことするの、断るなんて――」「そうよ、この試合を見ないなんて、ニンゲンじゃないわよ」と非難されることになるのだが、やはりこの父にしてこの娘たちあり、ということだろう。

033

阪神馬鹿

ダンカン／枻出版社／1999年

高校の弁論大会で田淵について語り、息子に甲子園と名づけた男の半生記

タイトルからして、文字どおりの虎バカ本である。

何しろ息子に「甲子園」と名づけてしまうのだから、どうかしてる。阪神の暗黒時代には、近所で「飯塚（ダンカンの本名）甲子園」ならぬ「飯塚最下位」と呼ばれていた……というのはネタだと思うが、親が虎バカだと子供も苦労するのは事実だろう。

本書は、そんな虎バカの半生を振り返ったもの。

埼玉県出身ながら、村山実のザトペック投法に魅せられて阪神ファンとなり、阪神の

球団旗や帽子を手作りする。当時の関東では巨人戦以外の中継は基本的にないため、ラジオ片手に家の外に出て阪神戦を中継する大阪の放送局の電波を何とか捉えようと悪戦苦闘。中学のソフトボール大会では、白いTシャツにマジックでタテジマと「Tigers」のロゴを書き、背中には田淵幸一の背番号「22」を書いて打席に立ったという。

まあ、それぐらいなら普通だが、高校時代のエピソードには笑った。校内弁論大会に出場したダンカンは、事前に提出してあった演題を無視して、「田淵幸一はなぜホームラン・アーティストか⁉」を熱弁。滞空時間の長い田淵のホームランがいかに野球ファンを魅了するか。田淵をデブ呼ばわりするのは間違いで、打球をより遠くに飛ばすためには体重が重要なポイントであること。さらには田淵の全メモリアルアーチ、田淵のスリーサイズ、田淵の休日の過ごし方、田淵のもみあげはなぜ長いのかに至るまで、身振り手振りを交えて怒濤の如くしゃべりまくる。最初は唖然としていた生徒や先生たちも、あまりの熱弁に圧倒されてか、最後には大拍手が沸き起こったというから、いい学校だ。

高3のときには、ドラフト会議の1週間ほど前に阪神の球団事務所に電話をかけた。

「もしもし……あの、阪神タイガースさんですか。はい、いいえ、私は匿名希望の者ですが……。はい、実はですね、今度のドラフト会議、埼玉の無名校に超掘り出しモノの逸材がいるんですよ。指名しておいたほうがいいと思いましてご連絡まで」と、自分の名前を伝えたものの、残念ながら指名はなかったという（当たり前だ！）。

家族に迷惑がられながらも続けるプロ野球開幕日の儀式、あの悪夢の'73年のペナントレース回顧、仲田幸司や郭李建夫ら交流のある選手の好漢ぶりが伝わるエピソードなど、話題はあっちこっちに飛ぶ。そんな話ばかりだと単なるお調子者ファンのように思われるかもしれないが、毎試合スコアブックをつけているというだけあって、記録に関するマニアックな記述も多い。

阪神がいかに開幕戦に弱いかを指摘し（1979年〜1998年の20年間で3勝16敗1分。しかもサヨナラ負けが5、完封負けが3）、さらに**〈開幕投手を務めた阪神のピッチャーは、その一年活躍しない〉**という情けない法則まで導き出す。平成になってからの10年で**〈開幕投手全員のその年の勝敗の合計は、63勝98敗。その前年の勝敗の合計は、96勝98敗〉**。つまり前年比33勝も減っているのだ。

〈その年一番信頼され期待される「エース」と呼ばれるピッチャーが、開幕のマウンド

に上がるケースがほとんどであろう。なのに、そのエースの一年間の勝敗数の平均が、6・3勝9・8敗では、チームが浮上できないのもうなづける〉とは、ごもっとも。

巻頭カラーページには、たけし軍団が阪神に勝ったときのウイニングボールと甲子園の土、社会人時代の船木聖士のサイン入りユニフォーム、自作の江夏豊人形、各球場の大入り袋やチケット、各スポーツ紙のスクラップなど、これまたマニアックなお宝コレクションが満載。虎バカである以上に野球バカなんだな、この人は。

ただし、巨人のことは正しく嫌っていて、こんなふうにも述べている。

〈百人の阪神ファンがいたら百通りの自分の好きな阪神がある。巨人ファンの求めるのは「常勝」巨人だけである。答えがひとつというのは、ある意味で巨人ファンは数学的であると言えるが、阪神ファンは多種多様まさに文学的だ〉

これには多くの阪神ファンがうなずくだろう。実はこのあと〈もっとも、阪神系の人間は頭が強くないから数学の問題なんて解けないだけと言われれば返す言葉はないのだが……〉と続くのだが、そうやって自らバカを名乗れるのが阪神ファンの真骨頂。巨人ファンには到底できない芸当である。

034 愛しの虎

松村邦洋／太田出版／2004年

公私ともども阪神漬けの虎バカ芸人はあの2003年をいかに過ごしたか

前出・ダンカンが会長を務める中野猛虎会の副会長が松村邦洋。営業用に阪神ファンを名乗ってるんじゃないかと思える芸能人もいるなかで、この人は信用できるというか尊敬に値する。阪神のことをしゃべっているときの熱の入り方はハンパじゃないし、過去の試合や選手の記録などに関する記憶の細かさには舌を巻く。掛布のものまねは、もはや本人以上に掛布である。

そんな松村が、あの素晴らしかった2003年をどのように過ごしたかを日記形式で綴ったのが本書。1月1日から12月31日まで（＋2004年2月2日まで）、ほぼ毎日の行動、出来事が飾らぬ筆致で記されている。

大晦日の仕事3本を終えたあと、和田アキ子宅の新年会で朝まで。元日も生放送をこなし、やっと実家に帰った翌2日〈**阪神のことを色々考えられる正月にできそう**〉って、せっかくの正月休みがそれでいいのか。

1月4日にはもうラジオに電話出演と多忙な松村だが、阪神関連の仕事の多さにも驚かされる。「星野仙一独占密着.inオーストラリア」のような番組はもちろん、BSのスポーツ番組でダンカンらと阪神について語り合ったり、NHK－FMの音楽番組で阪神ファンのミュージシャンと阪神トークを繰り広げたり。おなじみスカイAのキャンプ中継にも取材に行くし、デイリースポーツにも連載コラムを持つ。しかもこの年は阪神フィーバーで、イレギュラーなコメント取材や番組出演も多数。さらに、〈**『探偵ナイトスクープ』の大阪でのロケ予定が、この日は無しに変更。そこで甲子園へ試合を見に行く**〉と、隙あらば球場にも出かけていて、公私ともども阪神漬けの日々である。

5月9日には〈（デイリーが早く売り切れるので）おかげで早起きになってしまった〉、

同30日には〈これまでの阪神を知る身としては7ゲーム差では不安〉と、いかにも阪神ファンらしい弱気を見せる。一方、6月15日には「関西版ぴあ」の取材で、Xデーをなんと9月15日と予想しているのであった！

それにしても本書を読んでいると、今さらながらこの年はたくさん勝ったなーと感心してしまう。ポートやリガン、吉野、中村泰、早川なんて名前も懐かしい。考えれば、あれからもう15年ほども経ったのだ。7月23日、1－0でヤクルトに競り勝った試合（延長11回に沖原がサヨナラ打）について、**〈ヤクルト高井投手、阪神久保田投手というこれから一〇年以上はプロ野球を支えていくだろう二人の投げ合いがすばらしい〉**と書かれているのは、今となってはちょっと悲しいけれど……。

全編を通して、とにかく阪神のことが好きで好きでたまらない感が行間からあふれ出している。選手との個人的交流もある松村だし、タレントという立場上当然といえば当然だが、決して選手や首脳陣をクサしたりせず、プレーや選手起用に疑問を呈するにも愛情がこもっている。だから読んでてすがすがしい。

阪神に限らず野球関連の知識の豊富さも驚異的で、収録で水野真紀に会った日には**〈水**

野さんのお父さんは協和発酵に勤めていらっしゃっていて野球好き、存続の危ぶまれた協和発酵野球部のために頑張ったが、残念ながら廃部になってしまった〉とか、〈番組レポーターのタージンさん、弟さんは元木選手（巨人）等の出身校・大阪上宮高校の野球部監督〉とか、何でそんなことまで知ってるのかという話が続出。

9月6日には〈夜、急遽『ものまね紅白〜』のスタッフと打ち合わせ〉で〈今回は野球関係のものまねはやめて欲しい〉と言われるのだが、〈これはどうやら例の『王シュレット事件』の影響のようだ〉なんて裏話も披露する〈ありましたね、そんな事件〉。

そしていよいよ9月15日。Xデー予想を見事的中させていたにもかかわらず、当の松村は甲子園にはいなかった。どこにいたかというと、同じく阪神ファンの藤木直人のファン感謝デーのゲストとして西武ドームにいたのである。優勝の瞬間は、羽田空港に向かう車のラジオで聞いた。

〈ラジオなので胴上げの様子はわからない。でもこれで今夜は朝まで特番の出演が続く、そこで何度でも見ることができるだろう。今はこの音に身を任せていよう〉

さぞかし残念だっただろうが、これはこれでちょっといいシーンではないか。

そのあとはもうお祭り騒ぎ。携帯に次々かかってくるお祝いの電話、読売テレビ、毎日放送をはしごしての特番出演、そこでの共演者やスタッフの様子、道頓堀の映像など、あの日のことが夢の中の出来事のように描かれる。私もあの日、甲子園で胴上げを見たあと梅田のホテルで優勝特番を見ながら気を失うまで飲んでいたが、本書のおかげであの幸せな時間をありありと思い起こすことができた。

この原稿を書いている時点で広島との差はまだ大きいが、2017年もそうやって思い出せる年になればいい（と思っていたら痛恨の3連敗。それもまた阪神らしい）。

035 ぼくはタイガースだ

五味太郎／集英社／2003年

大人げないにもほどがある
絵本作家のダダ漏れタイガース愛

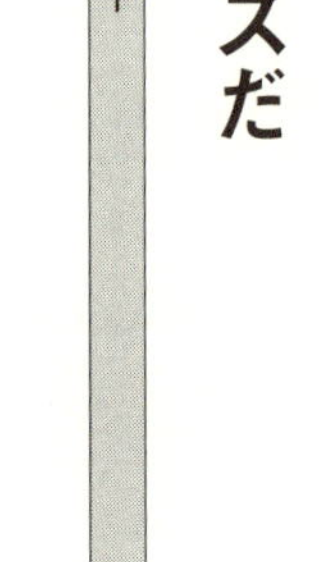

『たべたのだあれ』『きんぎょがにげた』『みんなうんち』などで知られる絵本作家の五味太郎が、２００３年の星野阪神快進撃で盛り上がって出した本。随所に絵は入っているものの、絵本というよりエッセイに近い。

ただ、その内容はかなりハチャメチャ。冒頭からいきなりこんな発言が飛び出す。

〈何はともあれ阪神タイガースはすてきだな。ほんとうにいいよ。阪神タイガースって口にするだけでニコッとくる。／声に出して言ってごらんよ。「ハンシンタイガース、

ハンシンタイガース」ね、いいでしょ。何かとてもいい感じがするでしょ。「チュウニチドラゴンズ」なんて、なんかイヤでしょ。「ヒロシマカープ」とか「ヤクルトスワローズ」なんてのもヘンでしょ。「ヨミウリジャイアンツ」とか「ヨコハマベイスターズ」なんてもうはじめっからダラシないのさ。パ・リーグなんてすべて問題外さ〉って極端すぎ！　チーム名の音の響きだけでここまで断言する人は初めて見た。「ヨミウリジャイアンツ」が最悪なのは同感だが、他の球団はそんなに悪くもないと思うけど……。

そうかと思えば、「六甲おろし」について〈歌詞はメチャクチャね。じっくり考えたって訳がわからないよ。蒼天の日輪が青春の覇気で輝くわけさ。闘志と熱血で獣王は無敵なのさ〉とディスりだす。が、そのワケわかんなさこそが阪神タイガースの魅力である――というのが五味氏の基本姿勢。〈応援がどんなであろうと、球団体制がこんなであろうと、勝つときは勝つ、優勝するときは優勝する。それがタイガースなんだよ。／タイガースに根拠なんて何もないのさ。／根拠がないってことは素敵なことだ。なんの根拠もなくただ好きなだけのタイガースがぼくにとって価値がある。そのタイガースが何の根拠もなく優勝するのが、めでたい〉という主張に共感する虎バカは多いだろう。

著者は1985年10月16日の神宮球場にいたらしい。さらに、同年の日本シリーズ第6戦が行われた西武球場にもいたという。

〈ぼくは西武系出版社で仕事をしていたので裏から手を廻してチケットをとってもらったのさ。でもやっと手に入ったのが第6戦さ。気合いとしては4タテだから、5戦6戦なんてないのよ、計算上は〉

ところが、その第6戦が優勝決定試合になるのだから運がいい。にもかかわらず、西武球場について〈縁もゆかりもない山の中の湖のほとりのユネスコ村（そういうのがあったのだ、昔）のとなりの球場さ。家族連れがピクニックついでに行くようなところで、まともな野球人が行くようなところじゃないのさ〉とこきおろす。

また、野球中継の解説に文句をつけたり、リリーフ投手がマウンドで投球練習するのを〈あれはよくない。人前で失礼だ。練習はブルペンでやっていたわけでしょ〉などと言い出す。リリーフカーもやめて、ブルペンから走ってくるか、〈さらにいいのは、マウンドに仕掛けを設けて、交代させられる奴が下に沈んで、次なる投手がせり上がってくるというやつ〉って、ひとし君人形のボッシュートじゃあるまいし。

何というか、全体的に非常に大人げないのである。さすが絵本作家、いくつになっても童心を失わないのだなあ……と妙な感心をしてしまったが、考えてみればタイガースファンというのがそもそも大人げない人たちなのであった。

そんな五味氏が2003年のベストゲームに挙げたのがコレ。

〈今シーズン最高のスペシャル試合はなんといっても7月9日の対広島戦、久保田の押し出しデッドボール負けというやつだな。こんな闘争的な敗戦、いままで見たことない〉

うーむ、負け試合を最高の試合に挙げるとは、やはり芸術家はひと味違う。しかし、確かに久保田はいろんな意味で極めて阪神的な選手であった。

ちなみに本書には「Being The Tigers.」という英文タイトルがついている。

〈タイガースとして存在する。タイガースとして生きる。あるいはタイガースしつづける。（略）阪神タイガースという魅力的で不可思議で始末の悪い存在は、取りも直さずそれ、この人生のことではないか、などと思うわけね。その楽しさも苦しさも快さも割り切れなさも、みなこの人生の味わいと同じなんだよ、ということね〉

訳したのはロンドン在住の娘さんとか。けだし名訳といえるだろう。

036 タイガース優勝したらどうしよう

山藤章二・ひろさちや／徳間書店／1992年

含蓄あるような、ないような……
知性派虎バカ二人が言いたい放題

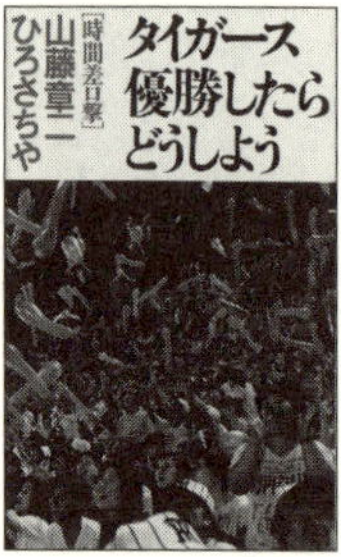

イラストレーター・山藤章二と仏教家・ひろさちやの対談本である。結果的に亀新フィーバーに沸いた1992年の刊行になっているが、3回に分けて行われた対談の初回の日付は1991年12月21日。つまり、便乗企画ではないってことだ。48勝82敗でぶっちぎり最下位となったシーズンに、よくぞこんな企画を立ち上げたものである。ちなみに、この年は5位の大洋が64勝66敗1分で、4位の巨人は66勝64敗。もし大洋があと1勝していればセ・リーグの借金を一人で背負い込むところだった。

そんな状況だから、当然、虎バカ同士の対談も意気は上がらない。いきなりこんな会話で幕を開ける。

山藤　今年（一九九一年）は結局、巨人に何勝したんですか、阪神は？
ひろ　七勝十九敗でした。
山藤　七勝ですか。だけど巨人をBクラスに蹴落としましたからね。
ひろ　蹴落とすというより引き摺り込んだ――（笑）。

何のことかというと、シーズン終盤、9月10日の東京ドームでの巨人戦で阪神は猪俣－田村のリレーで7－2と快勝し、巨人は4位に転落。さらに翌11日も野田の完封で6－0の勝利、巨人Bクラスを決定的にしたのである。そんなことでも喜ばないと、ほかに喜ぶ要素がないのだから哀しみが止まらない。
来季を展望しても明るい材料はシーズン終盤の5連続完投勝利ぐらいで、〈岡田、真弓、平田のベテラン勢に元気がないし、和田、中野あたりもいまいちだし、八木も全くの伸び悩みだし――〉〈来シーズンほど絶望的な年はありませんなァ〉と嘆くひろの気持ちはよくわかる。

しかし、そんなときでも決してめげないのが虎バカだ。往年のミスタータイガース・藤村富美男のプロとしてのショーマンシップが素晴らしかったという話題から、こんなやりとりが生まれる。

山藤　それこそ菊五郎ファンとか団十郎ファンと同じで――たまたま野球は勝負事だから勝ち負けが付随するけど、それがあまり第一義になるのはおかしいですね。

ひろ　菊五郎がコジキの役をやれば、ファンはそれを楽しむんで――だから阪神は今、六位の役を立派にやっているだけで（笑）――。

山藤　しかし生涯コジキの役ばかりというのも情けないけど（笑）。

ひろ　いやいや、阪神が生涯コジキじゃないことは、八五年にちゃんと証明したわけです。それで今、コジキをやれるというのは非常に名優なんです。普通ここまで落ち込むといろいろボロを出すものですが、阪神は臆せず慌てず正々堂々と六位をやっている。これは凄いことなんですよ。

傍からは負け惜しみにしか聞こえないかもしれないが、この手の自己正当化は阪神ファンの得意技。さらにひろは100万円で誰でも一日監督をやれる制度を提唱する。〈私も一〇〇万円ぐらいならせっせと貯金してね――スターティング・ラインナップの発表の後で「なお本日の監督は千葉県柏市のひろさちやさんです」なんて、これは気分がいい（笑）〉って、そりゃやりたい。100万では安すぎるぐらいだろう。

ほかにも1985年の思い出や歴代の好きな選手の話、巨人へのディスり、監督は誰がいいかなど、現状のタイガースからは目をそらした話題が続く。ところが、年が明けて1992年6月13日の対談では、がらりと様相が変わってくる。開幕からの思いがけない快進撃で、冷静を装いながらも会話の端々に浮かれ気分が漂うのだ。

いちいちどちらのセリフかは記さないが〈圧倒的な強さをまるで感じない。あまりにも幸運がつきまとった感じで〉〈何かこう小銭をチョコチョコと稼ぐように点を稼いで――〉〈ただ選手にとって何よりのクスリは勝つことだから〉〈とにかく若いもんが必死にやっているのがいい〉とかなんとか、まあ、うれしそう。

しかし、なんだかんだで一番盛り上がるのは、巨人をディスっているときだ。ひろは〈私はあまりアンチ・ジャイアンツではないんですよね〉と言いつつ、〈阪神は清潔なチームなんです。巨人は汚いチームなんです〉〈巨人の場合は、勝った負けただけしかわからないファンが多い。そこへいくと阪神ファンは通のファンだから〉といった偏向発言には事欠かない。さらには〈巨人の場合は射精だけがセックスだと思っているんですよ。出してしまえばすべて事足れりで、非常に単純なんです〉なんて言い出す。

〈日本の国語辞典には「前戯」という言葉がないんです。広辞苑にもないし、大辞林にも載ってない。だけど「射精」という言葉は必ず載っている。つまり日本人の常識的なセックス観というのは、いまだにそのあたりで留まっているんですよ。そこへいくと前戯すなわち過程を楽しむ文化を持っているのが、阪神タイガースなんですね〉とは、含蓄あるようなそうでもないような……。

一方の山藤は〈僕は三六五日、巨人が負けたほうがいいんです〉というアンチ巨人派。阪神が勝って巨人が負けるのがベストで、その逆がワーストなのは当然だが、山藤の場合、どちらも勝つより両方負けのほうがいいというから徹底してる。

ちなみに、ひろさちゃの奥さんは結婚当初巨人ファンで〈**最初のうちは私もおおらかに構えていたんですが、そのうち巨人のV9時代になったあたりから次第に不愉快さが募ってきましてね。それでしまいには私が「巨人ファンの作ったメシなんか食えるか！」とヒステリーを起こして、ハンガーストライキまでやって、ようやく阪神ファンに宗旨変えをさせたんです**〉って、とても仏教家とは思えない（ただし、あとがきを見れば立派な愛妻家であることがわかるのだが）。

虎バカが二人寄ると1＋1＝2ではなく3か4ぐらいにバカ度が増幅される感じで、タイガースとそのファンの素晴らしさとダメさが嫌というほど伝わってくる。双方に名言は（迷言も）多々あるが、ひとつだけ挙げるとするなら山藤のこの発言だろう。

〈**僕らは阪神のタテ縞のユニフォームの行間を読んでいるんです**〉

長年のファンであればあるほど、読むべき行間は多いのだ。

037

野球は阪神　私は独身

遙洋子／青春出版社／2002年

野球オンチが虎戦士たちと接して知ったタイガースの魅力とは？

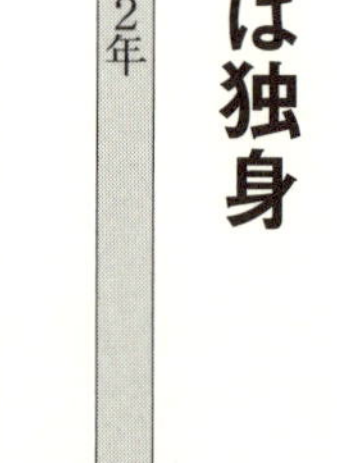

著者は１９８７年から14年間、読売テレビの「週刊トラトラタイガース」に出演していた。あいにく私は’83年４月に大学進学と同時に大阪から東京に引っ越し、以降東京暮らしなので見たことがない。『東大で上野千鶴子にケンカを学ぶ』（筑摩書房／２０００年）の著者として初めて名前を知ったぐらいだ。

が、そんな番組に出てたからには熱狂的な阪神ファンかと思いきや、阪神どころか野球そのものにまるで興味がなかったという。では、なぜ起用されたのかというと、「（当

時コメンテーターとして出演していた）川藤幸三を恐がらない女性」ということで白羽の矢が立ったのだとか。会食の席で初めて川藤と会ったときのことを、こう記す。

それほど恐がられる男性とは一体、どんな人なのだろうと、興味津々に店に入った私は、湯気の向こうの男性を見るなり、うなった。

赤黒い顔。真四角にカットした、みごとな角刈り。血走った目。

これか。こりゃ恐いわと思った。

うん、わかる。しかし、1時間もすると〈そこにいる男性は、恐いというより、おそらく、たくさん傷つき、たくさん怒り、たくさん繊細さを持った人特有の、豪快さがあるように見えた〉〈恐いのではない。〝凄い〟のだと思った〉と印象が変わる。

〈こういう人物を育てた阪神タイガースって、一体、どんな球団なんだろう〉というところから、タイガースと野球にハマっていく……かと思いきや、そうじゃなかった。

とにかく野球に対する興味のなさがすごい。何しろスタッフや川藤らと行った東京ドームの巨人－阪神戦で「ゲームが始まったら、映画見に行ってもいいですか?」と言い出す始末。そんなことを言える図太さもすごいが、そこで「おう。行ってこい」と答える川藤もすごい。スタッフは頭を抱えたことだろう。

よくそれでキャスターが務まったものだと思うが、'90年代半ば、主力選手が同年代になってようやく興味が湧いたという。ただし、興味の対象は野球ではなく選手。野球についてては、親しくなった選手に「私、じつは、野球知らんねん」と告白し、「どこまで知らんねん」と問われて、「あなたは、なにをする人?」と聞いて「そこまで知らんとは、知らんかった」と呆れられるほど無知なままだった。

そんな有様だから、あの試合がどうとか、この選手のプレーがこうとか、野球についての話はほとんど出てこない。ただ、選手の一人の人間としての姿を垣間見るようなエピソードはいろいろと登場する。

トレードで移籍してきた単身赴任のベテラン選手が、部屋に帰ると寂しいので熱帯魚を飼いだしたという話。阪神でもモテモテの選手が「会ってみたい芸能人っている?」「え、会わしてくれるの?」という会話の末に目を輝かせて「山田花子に会いたい」と答えたという話。ボコボコに打たれて負けた夜、梅田のクラブ（踊るほう）のテーブルに酔いつぶれて突っ伏していた選手の話。すべて匿名なので誰のことかは想像するしかないのだが、スポーツ紙の記者ではなかなか書けないネタだろう。

著者が「週刊トラトラタイガース」に出演していた1987年から2001年は、もろに暗黒時代と被っている。その間のタイガースの選手たちとの付き合いを経て、著者はタイガースの魅力を次のように語る。

〈その魅力は、私たちにとって、いかに逆境を生き抜くかというメッセージでもあり、やさしさとは何か、真に強い人間とは何かを考えさせられるものだった。／彼らが教えてくれたことは、元から強い人間なんかいないということ。／普通の感情を持つ男たちが、皆、泣きながらもんどりうちながら、強くなっていった。／強さとは、5万人から罵られても生きていられることで、もうダメだと絶望の淵に立たされても、未来の希望を信じられるということだ〉

そして2年後、阪神タイガースはその強さを証明することになるのだった。

038

「阪神ファン式」人生の法則
感動が成功を生む

國定浩一／TOブックス／2008年

日本国民がすべて阪神ファンなら世の中はいい方向に動いていく!?

阪神が優勝しそうになると、よく「阪神優勝の経済効果は○億円」などというフレーズがマスコミをにぎわせる。どうもこの「経済効果」というやつが個人的に好きではない。何でも経済に結びつけようという発想があさましいし、とりわけ阪神の優勝というのは神事のようなものなんだから、お金に換算すること自体ナンセンスだと思う。

それゆえ、『阪神ファンの経済効果』（角川oneテーマ21／2002年）なんて本も読む気がせず、その著者である「虎エコノミスト」こと國定浩一氏についてもあまりいいイメージがなかった。よく知りもせず、勝手に〝本当の虎バカなら、経済効果とかみみっちいこと言ってんじゃねーよ〟と思っていたのだ。

しかし、それはまったくの誤解だった。今回『「阪神ファン式」人生の法則』を読んで、己の不明を大いに恥じた。この人は本物の虎バカである。阪神タイガース応援団IT会常任理事という肩書を持ち、甲子園のライトスタンドに足しげく通っているということも初めて知ったが、それより何より思考回路が完全に虎バカだ。

たとえば9回裏2アウトで13対0で負けていても、〈「満塁ホームランが三本出れば、あと一点になる」「そのあとでツーランが出たら逆転やないか」と、笑って口にしている〉のが阪神ファンだと著者は言う。〈その場合、多少の強がりも含まれているのではないかと言われたならば、たしかにそれは否定できない。しかし、最後の最後まで可能性を求めて、理論的にも逆転は可能やと疑わないのが阪神ファンであるのは間違いない〉と述べ、〈どんな苦境にあっても、考え方を切り替えながら物事を楽しむ「ポジティブな発想」を持つのは、本当に大切なことである〉と説く。

一方で、8時頃に帰宅してテレビをつけるときは、すぐにはスイッチを入れず〈「取られているのは三点くらいかな」と考え（略）どんな途中経過を知らされてもショックを受けないようにする心構えをつくってから（略）「ほな、つけますよ。つけさせていただきますよ」と、誰に言ってるわけでもなく口にして、ようやくテレビのスイッチを入れられる〉という弱気ぶり。〈それだけの心の準備をしているからこそ、たとえ二対〇で負けていたとしても、「おっ、想定の範囲内や」とショックをやわらげることが可能になる（略）それどころか、「三点は覚悟しとったのに二点で済んどるんやから、これはむしろ一対〇で勝ってるみたいなもんや」とまで発想を飛躍させられる〉とは、まさに「虎バカあるある」だ。星野阪神以前からのファンなら、こういう習性が身に染みついているに違いない。

そんな弱かった時代の阪神から著者が学んだのが「二勝三敗の哲学」だ。

〈現在の世の中にあって、巨人のように、いや、かつての巨人のように、「勝ち続けるのが当たり前」になっているような幸せな人がどれだけいるものだろうか〉

〈日本経済の現況を考えれば、かつての阪神がそうだった二勝三敗というペースは、人生哲学を学ぶためにもちょうどいい具合になっていたのである〉

〈たとえば、自分の子どもが巨人を応援するようになってしまったならば、その子がどんなふうに成長していくかはとても不安だ。絶対権威に弱く、批判精神を持たない人間になってしまうかもしれないからである。／対して、弱い時代の阪神を応援しながら育っていたとしたなら、小学校低学年にして「挫折」という難しい日本語を学ぶことができていたのだ〉

〈二勝三敗のペースやったら、上出来やないか。ゴルフでいうたら、ボギーやで。平均ボギーでコースを九〇で回れるんやったら、立派なもんやないか〉

こういう屁理屈を「哲学」と言ってしまうのも虎バカの素晴らしいところ。〈今日はこれぐらいにしといたろか〉〈応援は観戦ではなく「参戦」である〉〈阪神は、人生そのもの〉〈「見返り」を求めない阪神ファン〉など、小見出しを拾っただけでも「わかる！」って感じで、とにかく読んでいて共感の嵐なのである。

問題の「経済効果」についても、著者はこう述べている。

〈阪神優勝の経済効果というものは、とても数字にできないものなのである〉

〈阪神優勝の経済効果を訊かれた際には、数字を挙げる代わりに「ごっついでぇ！」と

答えるほかはないのである〉

「ごっついでぇ！」って、仮にもエコノミストとして執筆や講演活動をしている人の言葉とは思えないが、確かにそうとしか言えないだろう。

〈日本国民すべてに阪神ファンになってほしいとまでは言わないが、日本国民すべてが、阪神ファンにとってのタイガースのような存在を心に持てたなら、世の中はいい方向に変わっていくことだろう〉というのも自分の体感として首肯《しゅこう》できる。

現実には人それぞれ、いろいろ大変なことはある。それでも、タイガースのある人生は、少なくとも精神的には豊かなのだ。

第5章

内幕虎バカ本

歴史を振り返れば、我らが阪神タイガースは栄光の陰に数々のトラブルを抱えてきた。そんな負の面も含め、トラ番記者やスポーツライターが事件の舞台裏や選手の知られざる素顔を明かす。一見ダークでも根底にはやはり愛がある。

039

この一年　バースが言いたかったこと

平尾圭吾／徳間書店／1985年

神の素顔に触れられる
バース教信者のための福音書

近年のタイガースの外国人投手は、メッセンジャー、呉昇桓《オスンファン》、マテオ、ドリスと、なかなかいい働きをしてくれている。一方、野手のほうはどうにも影が薄い。ゴメスはまあよかったが、コンラッド、ヘイグ、キャンベルあたりはさっぱりだった。2017年途中加入の〝パンダ〟ことロジャースは、本稿執筆時点では結構いい感じで打ってくれてるが、もう少し見てみないと何とも言えない。

それにしても、阪神にやってくる外国人は大変だ。投手はともかく打者の場合、どうしても〝あの男〟と比べられてしまう。

そう、史上最強の助っ人、ランディ・バースである。

阪神ファンには今さら説明の必要もない現人神。当時を知らない若いファンには、ブラゼルとマートンを足して、さらに3割増ししたぐらいの選手と言えば、おわかりいただけるだろうか。

そのバースが阪神を日本一に導いた1985年11月に刊行されたのが、『この一年 バースが言いたかったこと』である。著者の平尾圭吾氏は、映画と競馬に造詣の深い評論家・翻訳家で、バースとは個人的な親交があった。それゆえ本書には、スポーツ紙などでは決してお目にかかれないバースの本音がいっぱいだ。

「取材協力――ランディ・バース」とクレジットされているように、バース公認の本書は、バースのメッセージから始まる。

〈ケニイこと、ヒラオ・ケイゴはとンでもねえヤツ（preposterous guy）だ。／ナイターのある日は12時以降に電話しろ、と言えば、12時0秒きっかりに電話してきて、まだ白河夜船のオレをたたき起こす〉

いやいや、「白河夜船」なんて言葉、日本人でもほとんど使わんぞ。バースが英語でどう言ったのか知らんけど、この翻訳センスにまずビックリだ。

が、バースと仲がいいのは本当らしく、バースの素顔が次から次へと披露される。〈バースは歌はうまくない。しかし聴くのは大好きである〉というバースの一番のお気に入りは、エルヴィス・プレスリーの「I did it my way」。バースいわく〈歌詞がいいんだ。オレの気持ちをピッタリ代弁している歌なんだ〉とのことで、本書の副題「オレはオレのやり方でやった」もこの曲名に由来している。

映画はホラー系が大好きで、ビデオ棚には『サスペリア』『サイコ』『死霊のはらわた』などが並んでいるとか。あと、『カッコーの巣の上で』も好きらしい。

バースが甲子園の食堂でうどんを好んで食べたことは有名だが、実は日本食はうどんのみで〈サシミやスシの類い、野菜の煮物、ナベ物、焼き魚、煮魚、幕ノ内弁当なんてものは一切口にしない〉という。生野菜も嫌いで、好きなのはバーベキュー。しかも、〈夜、ビデオのテレビを見る時などはドリトスのコーン・チップを際限なく食べるけれども、やはりバースはえらい少食〉なんだとか。

外国人選手が日本で成功する秘訣は〈なんでも日本式にやることだ〉と言うバースだが、プライベートではアメリカ式を貫いていた。キッチンの調味料はもちろん〈洗濯機もドライヤーも、すべてGE社、すなわちゼネラル・エレクトリック社製のものである〉というから徹底している。まあ、当時は日本製でドラム式洗濯機なんてほとんどなかっただろうし、そのへんはリンダ夫人の趣味かもしれないが。

タイガースの選手については〈みんなナイスガイばかりだよ。タイガースにはバッドガイはひとりもいない〉と語っている。特に当時の名ショート・平田勝男については〈じつに楽しい男だ。選手としても最高だよ。守備はピカ一だしな〉と絶賛。その平田には〈おまえの女房がまた日本に帰ってきたら、おまえの広島と名古屋の女のこと全部しゃべってやるゾ〉などとからかわれたりもしたらしい。もちろんバースは〈そんなもン知らんわい。（略）オレに女がいるわけないだろ〉と否定しているのだが、真相は神＝バース本人のみぞ知る、だ。

阪神教バース原理主義者の私にとっては、まさに福音書のようなものである。さまざまな発言のなかには日本のマスコミやファンの過熱ぶりへの苦言もあるが、それは言われても仕方ないというか、神の御言葉として謙虚に聞くしかない。

著者の〝バースと仲いい自慢〟みたいな記述が鼻につく部分はなきにしもあらずだが、著者でなければ書けなかった本であることもまた事実。〈日本でいくらいい成績をあげても、日本を去ってしまえば、日本のファンはじきにオレのことなんか忘れてしまう〉とのバースの発言に〈それはちょっとちがうぜ。日本のファン、特に熱狂的なことで有名な阪神のファンは永久にキミのことは忘れないよ。死ぬまで覚えているよ〉と著者は言う。それに対して〈ほんとうにそう思うか〉とバースは半信半疑だが、この点に関しては著者のほうが圧倒的に正しかった。おかげで、それ以降阪神にやってくる外国人選手がとばっちりを受けることにはなったけれど。

040

バースの日記。

ランディ・バース、訳・平尾圭吾／集英社文庫／1991年（親本は1990年）

バース退団の真の理由はザクリーの病気より村山監督への不信感!?

1988年は、タイガース史上最悪の年であった。前年の'87年も最悪の年（優勝の2年後の最下位転落、しかも勝率3割3分1厘という負けっぷり）だったが、'88年はただ負けただけでなく悲しい事件が3つも起こっている。

掛布の引退、球団代表だった古谷真吾氏の自殺、そしてあの史上最強の助っ人ランディ・バースのシーズン途中での帰国・解雇だ。

当時からのファンならご承知のとおり、バースが帰国したのは長男ザック（ザクリー）

の脳腫瘍とそれに起因する水頭症の治療のためだった。しかし、バースは球団側が求めた再来日期限までに戻らず、球団は治療費に関する契約を履行しなかった。日本のスポーツ紙ではバースがゴネているかのように報道され、そのトラブルをめぐる心労が古谷氏の自殺の要因ともされたが、実際は何が起こっていたのか。

その顛末をバース自ら綴ったのが、『バースの日記。』である。タイガース退団後の'90年4月に出版され、告白本として話題となったが、当時はバースのイメージが壊れるのが嫌で読まなかった。そこで今回、文庫版を入手して読んでみたら、これがなかなか意外な部分も多く興味深い。内容は、看板どおり〝バースの日記〟だ。問題の'88年から始まり、'85、'86、'87年の順に4年分の日記が抜粋収録されている。

まず意外だったのが、毎日の円ドルレートやタクシー代、食事代などをこまめにつけていること。**〈コウモリ傘　350円〉**って、バースまめすぎ！　続いて苦笑したのは、'88年に就任した村山監督に関する記述である。2月23日**〈村山監督がマイク・仲田（仲田幸司投手のこと）を2時間走らせた。マイクがハムストリング（膝窩筋）を痛め、歩くこともままならない状態だったのにである。アホな命令だ〉**、同25日**〈村山監督の命令、**

投手は毎日100球投げ込むことだと。これもアホな命令だ〉など、ディスりまくり。

チーム通訳の結婚式でのスピーチについても**〈村山監督の祝辞はじつに間の抜けたもの〉〈まったく場違いな、バカなスピーチだった。見下げ果てたヤツだ〉**とまで書いている。そこまで言わんでも……と思うのだが、その祝辞の内容が「私が28歳くらいの全盛時代には、いつも王選手を三振に切って取ったものです。絶対にホームランを打たせませんでした」みたいな自慢話ばかりと聞けば、やむをえまいか。

シーズンが始まり負けが込むと**〈とにかく村山監督がすべてを台無しにしてしまった〉〈その采配は、日本のプロ野球史上でも、特筆に価する迷監督ぶりだった〉**。そして5月1日の選手ミーティングでは〈監督は勝つ意志がない〉との声が出て、〈どうせ監督は来年はクビだろう、ということで意見が一致〉って、選手がそんな話をしてるようじゃ勝てるわけないわなあ。

一方、チームメイトとは仲がよかったようで、〈左のピッチャーの山本も立派な英語をしゃべる。だから一緒によくゴルフをする。池田もいつもオレに話しかけようと思って英語を覚えようとしている。good guyだ〉という。'85年の日記では掛布や真弓はメジャーで十分プレーできると評価しており、'88年の掛布の処遇については憤りを見せる。

〈掛布は先発を外され引退に追い込まれるようだ。たった32歳で。でも掛布はそれまでミスター・タイガースだった男だ。それを村山は、まったくNo Respectで扱った。掛布を勇気づけるべきで、子供のように扱うべきじゃない〉

これには激しく同意であるし、当時のファンも球団のやり方には疑問を感じていたはずだ。助っ人外国人もファンもわかっていることが、なぜか球団にだけはわからないというのが不思議である。

球団との契約に関するやりとりは、ここでは触れない。本書に書かれているのはあくまでもバース側の見解であり、本当のところはわからないから。ただ、息子が命にかかわる病気となれば、野球どころじゃないのは当然だろうとは思う。

そんな状況下でも、ザックの放射線治療に関して〈痛みはないらしい。ちょっと毛髪が抜けるだけのことである。まったく、ザックの頭から抜けた、あるいはこれから抜ける毛髪の量よりも、私の毛髪のほうがもっと抜けてしまったと思う〉なんて書いてしまうバースがナイスガイであることだけは間違いない。

041 プロ野球　見るより面白いタイガースの本

西本忠成とトラ番記者／青春出版社／1985年

トラ番記者が秘蔵ネタを披露する選手と裏方の〝深イイ話〟

著者は当時の日刊スポーツ大阪本社運動部次長、阪神担当キャップ。'85年の虎フィーバーに乗っての出版であり、スポーツ紙の記者がチームの内幕や選手の素顔を明かすという体裁の本のおそらく先駆けでもある。

「トラキチが知らなかったトラキチ事典」との副題に加え、〈阪神《タイガース》の表と裏を知りつくす興奮版〉〈ここまでは誰も知らないスクープ・ネタを記者《トラバン》が初めて明かした。読み逃すと大損します〉といったアオリ文句がカバーに躍る。ページを開けば「はじめに」で

〈阪神のことやったら何でも知っとる思ったら大違いや。新聞、テレビが黙殺し、書いたらデスクに怒鳴られる事実を初めて明かしたろ。これを知らなきゃ、阪神ファンとは言えんやろ〉と、さらなるアオリ。

もくじはもくじで**「このネタだけは誰も知らなかったドえらい話」「あの派閥このOB阪神球団地下人脈の言えない事情」「主力選手が思わず漏らした大失態ザンゲ録」「球団首脳には明かせない問題選手の場外オフレコ集」「野球よりずっと面白い球団裏方さんの選手批判」**なんて刺激的な章タイトルが並んでいる。

いったいどんな〝ドえらい話〟が飛び出すのか。ドキドキしながら読み始めたら、出てくるのは、たとえばこんな話なのだった。

代打の切り札として活躍した永尾泰憲が阪神に移籍した'82年シーズン序盤。なんと自宅が火事になり、阪神選手会が改築費用をカンパした。「ホンマ、ありがたくて涙が出ましたよ。あのときは阪神に来たばかりだったでしょう。にもかかわらず……。いいチームだな、と思いました」と永尾は感謝することしきり。

来日1年目のゲイルの奥さん、スーザン夫人が5月に妊娠判明。異国の地で不安いっぱいの夫人を、三宅徹通訳は「絶対に信用のできるお医者さんを紹介しますよ。任せて下さい」と、芦屋の有名産婦人科に連れていった。「ここなら安心できます」とスーザン夫人は涙を流して喜んでくれたとか……。

いやコレ、〝ドえらい話〟じゃなくて〝深イイ話〟ですがな。

ほかにも、控え捕手としてチームを支えた山川猛は阪神に移籍してきて２年連続で喪主を務めたとか、末永正昭マネジャーは３泊４日の遠征で５００万円ほどの現金を持ち歩いていて小遣いを使い果たした選手に貸したりもしているとか、中田良弘と同期の引間克幸はめちゃくちゃ無口で中田と間違えてサインを求められても断るのが面倒だからサラサラっと書いちゃうとかいう話が満載。

もちろんそんなエピソードは余談の部類で、本筋としては選手や裏方たちの知られざる努力や苦労、21年ぶりの優勝への貢献や今後の活躍への期待を綴っているのだが、どうも余談のほうが印象に残る。いずれにせよ、カバーのアオリ文句や章タイトルが盛りすぎであることは否めない。

ちなみにカバー折り返しの内容紹介には、次のような記述がある。

〈ついに21年ぶりの優勝。Vを支えていたのは、バースでも掛布、岡田でもなく、ましてや吉田監督でもなかった――〉

「ましてや」って言い方はどうかと思うが、MVPを獲得したバース様とは別に、大勢の脇役たちの力を讃えているのは好感が持てる。

まず**〈陰のMVP〉**は山本重政スコアラーだ。ベテラン・野村収は**〈陰の最優秀投手〉**で、前出の末永マネジャーは**〈Vの陰の功労者〉**。一枝修平コーチについては**〈21年ぶりのVは、この人が陰の功労者〉**と言い、続木敏之ブルペン捕手は**〈弱体の汚名をきせられていた投手陣を、何とか優勝まで持ちこたえさせた陰の力〉**と、陰だらけ。このシーズン、吉田監督は「チーム一丸」という言葉を呪文のように繰り返したが、まさに一丸となって勝ち取った優勝だったことを本書が図らずも証明している。

用具係や阪神園芸の長老、甲子園球場長、球団の査定係まで登場するのは、さすがトラ番記者というべきか。当時の査定係は石田博三球団資料課長。実はタイガースの元選手だが、本人いわく「いくら熱心なファンでも、私の名前を知っている人は少ないでしょう」。うーん、ごめんなさい、知りませんでした……。

しかし、本書で一番グッとくるのはカバー折り返しに掲載されたトラキチ著名人のコメントだ。藤本義一（作家）、松尾修吾（株式会社CBSソニー代表取締役社長）、田中敬（国民金融公庫総裁）、野村泰治（司会者）、阿刀田高（作家）、山口洋子（作家）、立川清登（歌手）、逸見政孝（フジテレビアナウンサー）という面々の熱いコメントが小さな活字でビッシリ詰め込まれている。今となっては故人も多いが、顔ぶれの豪華さと扱いの雑さのギャップがすごい。たぶん謝礼なしでも嬉々としてコメントしたのではないか。あの優勝には、それぐらいの喜びがあったのだ。

042

阪神タイガース・ここまで暴露《バラ》せば殺される

トラ番記者の会／あっぷる／1993年

中村監督と岡田をディスりまくる好き嫌い丸出しの内幕暴露本

ドス黒い暴露本かと思いきや、物騒なタイトルほど中身はヤバくない。何しろ第1章からして「猛虎の時代がやってきた」と、やけにポジティブ。しかも書き出しが〈ターンターカターンタータラッタッタッタッターラー〉という「六甲おろし」のイントロの文字起こしなんだから、完全に〝浮かれたトラキチ〟状態である。

まあ、気持ちはわかる。本書の刊行は1993年2月。いわゆる暗黒時代の中で唯一輝いた1992年のシーズンオフである。**〈猛虎の時代が再びやってきた。／いや、〝や**

っと〟来た、のだ〉〈一過性の強さではなく、将来にかけての黄金時代だ〉〈無名の若手たちが、一夜にしてヒーローに育っていった。／まるで、数年前にヒットしたアメリカの映画「メジャー・リーグ」そのままのドラマを演じてくれたのだ〉〈阪神ナインが、関西の、いや全国のファンが思っている。猛虎の時代が来たでぇ、と〉などと、でっかい花火をブチ上げまくり。そして、〈なにはともあれ、黄金時代の礎となるであろう1992年のシーズンを、もう一度、振り返ってみよう〉ということになるのだが、この振り返りがコンパクトにまとまっていてわかりやすい。

仲田幸司の覚醒、湯舟敏郎のノーヒットノーラン、絶対守護神・田村勤の活躍と離脱、八木裕の幻のサヨナラホームラン、亀山努・新庄剛志のブレイク、中村勝広監督の「大きなおみやげを持って甲子園に帰ってきます」宣言……。最終的にはわずか2勝の差でヤクルトに優勝をさらわれ〝準優勝〟（巨人と同率2位）に終わったが、今思い出しても無念である。しかし、もし最終戦で負けていれば広島と同率3位になるという大接戦のシーズンだったことを思えば、選手たちの健闘を讃えていいだろう。

……と、ここまでは前向きな本書だったが、第2章「新聞・テレビじゃ判らない、中村監督ってどんな人」は、なかなか腹黒い。〈ベンチの中では、不健康そうな顔して戦況をながめてばかり。／ゲームに勝っても、面白いこと言わない〉〈慎重居士なのか、話すのが嫌いなのか、はたまた頭の中がカラッポなのか、サッパリみえてこない〉と、のっけからサラッとディスってくる。

そんな中村監督の素顔をバラしちゃおう、というのはいいけれど、**〈サラリーマンで言うなら、出世するタイプだ。／サラリーマンなら、とただし書きするのも違和感がある。だって、サラリーマン監督だから〉**って、ほめてないよね？

〈上司とうまくやっていけるタイプだから、好かれるのもわかる〉〈34歳にして、早くも二軍監督だ。明日のスターを育てるという重大な任務をおおせつかったのだから、大変な出世コース、スピード出世〉と、小姑のように嫌みを言う。その後も、宝塚に9800万円の家を買ったことを〈監督になるまでは、賃貸マンション。監督になってからは高級住宅街、でも、1億円は超えない小ぢんまりした家。／どの角度からつついても、文句が出ない〉などとネチネチ。あげくの果ては**〈完全に、球団の言いなりだ。／球団フロント・リモコン監督だ〉〈実は、前季、若手に切り換えて成功したのは、フロント**

のアドバイスから。／言われるままに「ハイ、ハイ」と忠実に実行したという意味では、確かに中村監督でなければ、阪神の世代交代はありえなかったろう。／もちろん、大躍進だって、なかった。／フロントをかばってやっているうちに、一つだけ、いいことをアドバイスしてもらって、よかったですなあ、中村監督〉って、どんだけ中村監督が嫌いなのか。「ここまで暴露《バラ》せば殺される」は大げさと思ったが、ここまで書けば中村監督には殺されるかもしれませんなあ。

一方、選手については愛のある筆致で秘蔵エピソードを披露する。中込伸の後頭部の「M」のソリコミは元美容師の妻・美香さんが自分のイニシャルをカットしたものだとか、初先発のときに山梨から呼んだ両親が対戦相手のヤクルトのクラブハウスに電話して「今日先発する中込の父ですが……」とバラしてしまったとか、甲子園に自転車で通っていた田村が地味すぎて選手と思われずガードマンに「こんなとこに自転車とめたらあかん。どかしてえな」と怒られたとか、微笑ましいネタが目白押し。

そんななか、当時衰えの目立った岡田彰布にだけ厳しく当たるのはなぜなのか。フロントに対してしても厳しいが、それはまあ仕方ない。でも、岡田のことを**〈いまでこそ単な**

るお笑い選手だが、ちょっと前までミスター・タイガースと呼ばれていた〉なんて書くのは、いかがなものか。中村監督の特訓指令に〈岡田はしかしフテくされた〉とか、引退をほのめかすような発言を〈マスコミ相手にくっちゃべったのだ〉とか、いちいち言葉にトゲがある。そういえば中村監督も岡田も早稲田出身。もしかして著者は早稲田に恨みでもあるのか、コンプレックスの裏返しか、と勘繰ってしまう。

トラ番記者として選手や監督と身近に接していれば、そりゃ好き嫌いも出てくるだろう、人間だもの。でも、ここまで書くなら「トラ番記者の会」なんていうんじゃなく正々堂々と実名で書きなよ、とは思うのだった。

043

背番号三桁
「僕達も胴上げに参加していいんですか？」

矢崎良一・中田潤・岩田卓士・池田浩明ほか／竹書房／２００４年

２００３年の感動がよみがえる 裏方たちにとっての優勝のドラマ

西口裕治という元阪神の選手をご存じだろうか。

私は知らなかった——この本を読むまでは。それもそのはず、１９７８年にテスト入団、’80年引退で一軍出場なしというんだから、知ってるのはよほどのマニアだ。

しかし、引退後の彼は、阪神タイガースというチームにとって欠かせない存在となった。ブルペン捕手として若手からベテランまであらゆる投手の球を受け続け、２００３年には故障した選手のリハビリなどを受け持つ三軍育成担当に就任。低迷期も優勝時もチームを裏から支え続けたのだ。

本書は、そんな裏方たちにスポットを当てたノンフィクション。副題の「僕達も胴上げに参加していいんですか?」とは、優勝に向かって爆走していた2003年の夏、裏方たちが星野監督に平田監督付き広報を通して質問した言葉である。それに対する闘将の第一声は「アホか!」。そして「そんなモン、決まっとる。全員参加や」と続けたという。

……ああ、もうそれだけで泣けてくる!

登場するのは、前出のブルペン捕手・西口のほか、打撃投手・多田昌弘、虎風荘寮長・梅本正之、野手総合コーチ・和田豊、トレーニングコーチ・前田健、スコアラー・渡辺長助、元ヘッドコーチ・島野育夫、打撃コーチ・水谷実雄、投手コーチ・佐藤義則、元打撃投手・安達智次郎など（肩書はすべて刊行当時）。華やかな現役生活を全うしてコーチとなった和田や水谷、佐藤らはあまり裏方という感じはしないが、佐藤が語る2003年の日本シリーズ第7戦の先発ムーアのエピソードなどは、まさに舞台裏の〝秘話〟と言えよう。

とはいえ、やはりグッとくるのは現役時代に活躍できなかった者たちが裏方となってチームに貢献し、悲願の優勝を味わうに至る人生のドラマである。

打撃投手の多田は、甲子園の準優勝投手だった。広島にドラフト6位で指名されてプロ入りするも、一軍登板の機会がないままわずか2年で戦力外通告される。そこで打撃投手を打診され、「頑張れば現役に戻すこともありうる」との言葉を頼りに受諾。当時売り出し中の金本が左投手を苦手にしていたこともあり、サウスポーの多田が投げることが多かった。金本のケタ外れの練習量とすさまじい気迫にシビれた多田は、献身的に練習相手を務める。一方の金本は、多田の肩やひじのケアのために自費で治療院へ連れていったり、自分が使っている治療器を貸したりした。さらに金本は、阪神とのFA交渉の際、多田との〝同伴移籍〟という条件を出す。その金本がチームを引っ張り、我らが阪神タイガースは18年ぶりの優勝を果たした。それは金本にとっても多田にとっても初めての経験。にもかかわらず、歓喜の瞬間を待つ甲子園の一塁側ベンチで、多田は選手個々のプライベート用の記念写真を撮り続けていたというから、裏方中の裏方だ。

裏方の話ばかりでは地味じゃないかと思う向きもあるかもしれないが、心配ご無用。

虎風荘寮長が語る江夏豊、田淵幸一、掛布雅之らの話に興奮しない阪神ファンがいるだろうか。ブルペン捕手の目から見た江本孟紀や小林繁、山本和行や仲田幸司、中込伸や井川慶らのピッチングについての評価や人柄についてのエピソードもすこぶる興味深い。星野改革の一環として社会人野球から招聘されたトレーニングコーチの話も、快進撃の裏で何が行われていたのかがわかって、思わずひざを打つ。

そして、裏方ラインナップにサンテレビのディレクターとアナウンサーが入っているのも「わかってるね！」とうれしくなる。サンテレビといえば、雨が降ろうと槍が降ろうと（いや、雨が降ったら野球は中止だが比喩として）阪神の試合を放送し続ける神戸の独立UHF局。9時になったら試合の途中でも終了というほかの放送局とは野球中継に対する気合が違う。1992年9月11日のヤクルト戦、八木裕の〝幻のサヨナラホームラン〟の試合を日付が変わっても放送し続けた6時間41分（試合時間は6時間26分）の中継はいまだに語り草である。

だから、ディレクターからこんな発言も飛び出す。

〈ぽっと出の阪神ファンは撮らないです。他局さんなんかで映ることあるけど、裸で、

背番号書いて、いかにも俺はファンやぞみたいな。あんなん絶対撮らない〉

２００３年9月15日の胴上げシーンを実況した湯浅明彦アナは、こう語る。

〈胴上げだけは絶対喋らんとこうと思ってましたね。あんときは何喋っても、だーれも印象に残らへん。だって星野監督が甲子園で胴上げされるの、じーっと見たいわけでしょ。なんとかこれだけは我慢しようと思ってね〉

こういう裏方＝プロたちに愛され、支えられている阪神タイガースというチーム。そのファンであることが、あらためて誇らしく感じられる。

044

元・阪神
そして、ミスタータイガースは去った

中田潤・矢崎良一・橋本清・池田浩明・高橋安幸／竹書房／2004年

阪神で現役生活を終えなかった男たちが語る〝タテジマの魔力〟

タイトルどおり、「元・阪神」の選手たちが何人も登場する。江夏豊、辻恭彦、藤田平、新庄剛志、中込伸、郭李建夫、小山正明、塩谷和彦、加藤博一、仲田幸司、松永浩美、萩原誠。一時代を築いたスター選手もいれば目立った活躍のなかった選手もいるが、彼らには「元・阪神」以外にひとつの共通点がある。

それは、現役生活を阪神で終えていない、ということだ。

トレード、自由契約、ＦＡと経緯は違えど、不完全燃焼あるいは不本意な形で阪神を

去ることになった男たち。藤田平だけは阪神一筋で現役を終えているが、監督時代にシーズン途中で解任という憂き目にあった。そんな必ずしも球団と円満な関係とは言えなかった「元・阪神」たちが、阪神タイガースへの思い、自らの野球人生を赤裸々に語っている（新庄のみライター・中田潤による〝ＳＨＩＮＪＯ論〟）。

バッテリーを組みながら現役時代はほとんど話したことがないという江夏と辻の対談や、仲田幸司が語る'92年のブレイク秘話なども貴重だが、個人的に衝撃だったのは藤田平のインタビューだ。

職人的打撃で鳴らした選手時代（チーム歴代最多の通算２０６４安打！）はともかく、監督としての藤田平にはネガティブなイメージを抱いている人が多いだろう。成績不振で休養した中村勝広に代わり'95年途中から指揮を執り、翌年途中で解任されるまで１７０試合で65勝１０５敗の勝率３割８分２厘（2年とも最下位）。練習に遅刻した新庄をグラウンドに正座させるなど「鬼平」と呼ばれたスパルタ指導が裏目に出て、新庄の引退騒動に発展。解任時の話し合いでは延々10時間も抵抗……といった逸話からは、大人げなく粘着質な人物像が浮かんでくる。

しかし、本書を読めば、そのイメージは一変する。

'95年に二軍監督に就任した藤田はまず、虎風荘の食事メニューの貧弱さに驚く。〈**知り合いの栄養士に「これは老人の摂る食事か、病院で食べる食事ですよ」と言われた**〉って、本当だったらひどすぎだ。そこから改革に手をつけた藤田は、一軍監督代行就任後も練習の質と量、選手起用や補強に至るまで、ぬるま湯に浸りきったダメ虎を活性化し、戦う集団に変えようと奮闘した。星野監督がやったことを、先んじてやろうとしたのが藤田だったのだ。

ところが、事なかれ主義のフロントや甘えた選手が抵抗勢力となり、チーム成績が低迷するなかで話題が欲しいマスコミが対立を煽る。あることないことを書き立てられ、勝手なイメージが独り歩きしていく……。藤田の言い分を鵜呑みにはできないが、当時のフロントなら、さもありなんとは思う。

刮目すべきは、解任の一因ともなった問題児・新庄についての評価である。'96年も凡庸な成績で終わった新庄だが、開幕からの1カ月は26試合で3割8厘、9本塁打と打ちまくった。それに対する藤田のコメントがこれだ。

〈あの4月の成績が、あいつの本当の実力ですよ。まったく練習せんとあんだけ打てるんやからすごいわ。あんなに素質ある奴、見たことない。（略）松井の長打力にイチローの肩と足。いままでおらんかったタイプの選手になれたな〉

そこまで才能を買っていたからこそ厳しく練習させようとしたのである。しかし、本人にやる気がなくてはいかんともしがたい。

イメージが変わるといえば、松永浩美もそう。'93年、野田浩司とのトレードでやってきて開幕当初は大活躍するも、すぐに故障で離脱する。あげくにFA第1号として1年限りでダイエー（当時）に移籍してしまう。しかも「甲子園球場は幼稚園の砂場」との捨てゼリフを吐いたと報道され、阪神ファンは激怒。野田がその年、17勝で最多勝を獲得したこともあり、松永に対するイメージは最悪なものとなった。

しかし、松永自身の述懐を信じれば、悪いのはやはり阪神球団フロントであり、無責任なマスコミということになる。ベテランとして若手にアドバイスしようとすればコーチにとがめられ、練習方法に意見を言えば「球団批判」と叩かれる。FA宣言したのも選手会労組改革委員としてFA制度実現の旗を振っていた立場上のことで、ダイエー移籍を決めたのは阪神側が誠意をもって引き止めなかったからだ。

行間からは松永の暑苦しい性格が垣間見え、フロントやマスコミに好かれないのもわかる気はする。が、インタビュー終了後に松永が取り出したライターがタテジマにトラッキー柄だったと聞けば、もう悪者扱いはできない。

〈**たまたまなんだけどね。でもなんで、たまたまこれを持って来たんだろうなあ。阪神ファンか、俺は（笑）**〉とは松永の弁。

一度タテジマのユニフォームを着た者は、その魔力から決して逃れることはできないのだ（ただし新庄は除く）。

045

阪神戦・実況32年。甲子園の放送席から見続けたタイガースの真実

西澤暲／講談社／2014年

1973年最終戦、暴徒化した観衆もサンテレビには手を出さなかった！

サンテレビボックス席の実況アナとして、ある年齢以上の関西の虎バカなら知らない人はいない。江夏豊が延長11回ノーヒットノーランに自らのホームランでケリをつけた試合も、八木の幻のホームランが出た史上最長試合も、この人が実況した。そんな名物アナが32年間に見聞きした選手たちの知られざるエピソードを綴る。

初っ端は江本孟紀の「ベンチがアホやから」発言の真相だ。〈実はこの江本の発言を引き出してしまったのが、僕なのです〉とはどういうことか。

あの日、グラブを投げつけてベンチ裏に消えた江本を、著者はロッカールームに向かう階段の踊り場で待ち受けた。やがて若い記者を引き連れた江本がやってくる。そこで「エモ、お疲れさん」と声をかけると、それまで無言を貫いていた江本が「ベンチがアホやから、やってられませんわ!」とこぼす。著者が「若い記者がいる前で、そんなこと言うたらアカンやろ!」とたしなめたものの、あとの祭り。翌日の新聞には「ベンチがアホ」というセリフが首脳陣批判としてデカデカと載ることになった。

〈若い記者の問いかけには無言でいたのに、顔馴染みの僕が声をかけたからなのか〉〈あの日、あの踊り場で僕が声をかけなければ、彼が引退することはなかったかもしれません。(略)野球選手としての稼ぎの一部を、僕が奪ってしまったのかもしれません〉と著者は言う。が、あの事件のおかげで江本は全国区の知名度を得て、引退の翌年に出した内幕暴露本『プロ野球を10倍楽しく見る方法』もベストセラーになったのだから、生涯年収は普通に引退するより増えただろう。著者は江本に詫びの手紙を書いたというが、むしろ江本は感謝してもいいぐらいだ。

選手のプライベートに関する話題も多く、結婚式の司会も務めたという猪俣隆について〈気の優しさは野球選手としてマイナスでしたが、人間としての彼は明るくおしゃべりで、とても気持ちのいい男でした。そんな人物だからこそ、地に足のついたしっかり者のお嬢さんがお嫁さんになったのです。彼女は子ども向け英会話教室で先生をするなど、英語が得意でした。このことが、彼の第二の人生に意外な道を拓かせます〉と、まるで自分の息子のように語る（猪俣は引退後アメリカで寿司職人になった）。

中田良弘の奥さんはもともと女優をめざしていて、著者のところにしゃべり方を習いに来ていたこともあるらしい。そんな縁もあって家族ぐるみの付き合いなのはいいとして、〈仲睦まじいふたりですが、夫婦ですからいつも順風満帆というわけではありません。中田が浮気した？　と、由美さんが泣きながら電話してきたこともありました〉って、そんなことまでバラさんでも……。

田淵幸一の最初の奥さんは年上の元人妻だったといい、〈奥さんは僕の前でも田淵のことを「幸一、幸一」と呼んで、上手く扱っていたのが印象に残っています。彼にとって彼女は妻であり、ときには母親のような存在だったのでしょう。僕の前で彼女に大いに甘えている田淵は、まるで大きな赤ん坊のようでもありました〉なんて、そのシーンを想像すると、こっちが赤面してしまう。

とはいえ、もちろん悪気があって書いているわけではなく、選手への愛情があふれるあまり、ついよけいなことまで書いてしまうのだろう。

〝世紀の落球〟で知られる池田純一については**〈とても家族思いで、弟の学費を工面しなければいけないからと、ホームランを打つともらえる賞金を楽しみにしていました。逆転やサヨナラなど、より価値のあるホームランにはボーナスが加わります。だから彼は、チャンスにとても強かったのかもしれません〉**と言いつつ、落球事件から20日後に延長11回０対０から決勝打を放ったことにも触れ、**〈落球した試合で喫した1敗だけが今も語られますが、彼はこうして大切な試合でチームに1勝をもたらしていたことを、知っておいてあげてほしいのです〉**と記すなど、気配りも忘れない。

全体的に、おじいちゃんの茶飲み話を聞いてる感覚でほっこりする。そんななかでも緊迫感が漂うのは、１９７３年10月22日の巨人戦に関する記述。最後の最後で優勝を逃し、暴動が起こった場面である。

０対９のまま迎えた最終回、最後の打者・カークランドが三振すると、観客がグラウンドに大挙なだれ込み、巨人ベンチを襲う。さらに暴徒は球場内の物を手当たり次第に壊しだし、読売テレビのカメラも壊される。**〈そして、次はこいつらだとばかりに、彼らがこちらに目を向け、迫ってきます。／そのとき、暴徒のなかにいたひとりが、こう叫びました。／「サンテレビは、オレらの味方や！　手を出すな！」／その言葉を聞いて群衆は別のところに向かい、僕らは難を逃れたのです〉**って、ええ話や！

　暴動はほめられたもんじゃないが、サンテレビを攻撃しなかったのは阪神ファンとして最後の理性を保ったと言える。球場の外でも読売テレビの中継車は暴徒に取り囲まれ身動きできずにいたが、〈そんななか、サンテレビの車が動きだすと、まるでモーセの十戒で海が割れたように人の渦が割れて道を作り出し、見送りまでしてくれたのです〉って、その光景こそ中継してほしかった！　どこかに映像は残っていないだろうか。

046

阪神タイガース「黒歴史」

平井隆司／講談社＋α新書／2016年

お家騒動の舞台裏を掘り下げる臨場感あふれる人間ドラマ

「黒歴史」とはまた遠慮のないタイトルをつけたものだ。

著者は1970年にデイリースポーツ入社、'72年にトラ番となった元記者である。そりゃあ、さぞかし黒いものを見てきただろう。最後の最後で優勝を逃したあの試合、あのトレードや舌禍事件、あの不祥事に解任劇……と、古株の阪神ファンならさまざまなシーンが脳裏に浮かぶに違いない。

が、その手の話は正直、聞き飽きた。金本阪神船出のタイミングでわざわざ出す本でもないだろう……と思いつつ、ページを開いて意表を突かれた。

〈第1章　2016年、「阪神タイガース」が消える日〉

いきなり穏やかでない見出しが目に飛び込んでくる。何のことかと思ったら、2006年の村上ファンドによる阪神電鉄株買い占め事件から話が始まるのであった。

経済オンチの人間としては「そういえばそんなことがあったなー」ぐらいの認識しかなかったのだが、あの事件がきっかけで阪急阪神ホールディングスが誕生、つまり阪神は阪急の子会社になったのだ。その際、「阪急HDが事実上の球団経営に携わるということは新規参入に当たる」として預かり保証金等30億円の支払いを求められたが、当時の宮崎恒彰オーナーの奮闘により事なきを得た。球団名についても、阪急HD側との間で「今後10年間は阪神タイガースでいく」との誓約書を交わしたという。その10年が経過したのが2016年というわけで、前述の見出しにつながるのだ。

阪神タイガースを「阪急タイガース」に変えたりしたらファンの反発が大きいのは明らかであり、現実に変更はされていない。が、〈阪急の胸の中に決断はある〉と著者は記す。なるほど、これは今まで見てきた虎バカ本にはなかった視点である。

村上世彰と阪神電鉄役員とのやりとりなど、一連の騒動の舞台裏を活写する著者の筆は滑らかだ。第2章以降も、阪神のいわゆる〝お家騒動〟について赤裸々に語る。「2位でええ」発言の真相、江夏・田淵トレードの迫真の舞台裏、1984年秋の安藤統夫監督辞任後の後任をめぐる駆け引き、星野仙一監督就任の経緯などをドラマチックに綴る名調子の文章は講談でも聞いているかのよう。

とりわけ熱が入るのは、巨人と江川卓による「空白の一日」事件の項だ。

〈巨人と政治家と江川卓。この悪党たちは、一筋縄では潰せない。悪党は列島絶句の悪知恵で秘策を完成させた〉〈悪党は江川卓を渡さない。／小津は江川卓を獲る。／悪党の悪知恵第2弾。／「江川に代わる選手を阪神にやればいい」／悪党の会議に、コミッショナーの金子鋭が加わる〉と、巨人サイドをナチュラルに悪党呼ばわり。

一方、当時の阪神球団社長・小津正次郎は次のように描写されている。

〈小津正次郎は球団代表の岡崎義人（当時）に、「江川でいくぞ」と言った。岡崎はドラフト会議でクジを引く役を務めることが決まっている。（略）「執念で（当たりクジを）取れ」／失敗を恐れていたら、なにもできんわい。なにも生まれるかい。小津の胸は熱い。／賽は投げられた。事ここに至った以上、断行するほか道はない。／私は心の中で小津にエールを送った。読売をぎゃふんと言わせばいい。それを今、できるのは小津正次郎、あなただけ。そう思った〉

よっ、小津の魔法使い！　と、思わず大向こうから声をかけたくなる。小津のことはよほど好きだったようで、引き際の描写もカッコいい。

〈小津に、阪神との決別の日がやってくる。（略）番記者として、ニュースを続々と発信してくれる小津の存在は貴重で、剛腕の向こう側に人情味を持ち合わせていたから、「もう、きみらの顔見んで済む。せいせいするぜ」と憎たらしさを撒き散らされても、妙に哀愁の念にかられた。「せいせいするぜ」か。それは別れの辛さの裏返し。小津の広い背中がそう物語っていた〉

一方、1984年から2004年までオーナーを務めた久万俊二郎のことは気に入らなかったらしく、〈経理出身の久万は、タイガースの順位（6位）より赤字を許せない〉〈小津は野球小僧だったが、久万はスポーツ音痴。「野球？　さっぱりわかりませんな」と堂々と言う〉〈久万はよく二枚舌を使い、都合が悪くなると「そんなん言うた覚えがない」と白《しら》を切るところがあった〉と、容赦ない。

掛布が飲酒運転で捕まった際に「あの馬鹿が」「私の目の黒いうちは絶対に〈コーチ、監督などで〉呼ばん」と言い放ったことについても〈「馬鹿」も「目の黒いうちは」も、いかにも情がない。叱責は当然としながらも、あまりにも非情な、人間味のない久万の発言に世論はふたつに割れた〉と、その人間性に疑問を投げかける。

あくまでも著者の主観であり話半分に聞いたほうがいいところもあろうが、現場に立ち会った者ならではの臨場感ある人間ドラマは読みごたえ十分。むせかえるようなタイガース愛と、愛するがゆえの厳しい言葉には胸が熱くなる。黒歴史は黒歴史でも、その黒は黒曜石のように輝きを秘めているのだった。

047 もうひとつの阪神タイガース

妹尾豊孝／ブレーンセンター／2009年

阪神ファンの誇り「甲子園球場」の舞台裏を捉えた写真集

思わず「うわー」と声が出た。

シーズンオフの甲子園のグラウンド整備。黒土をまき、一旦掘り起こし、整地する。その一連の過程を捉えた写真が大判のページいっぱいに広がる。作業を担うのは、もちろんおなじみ阪神園芸の皆さんだ。試合前や5回終了後のグラウンド整備なら何度も見ているが、こんな光景は初めて見た。

グラウンドの白線をジョウロ（中に石灰を水で溶いたものが入っている）で引いてい

る様子（これは甲子園球場独特のやり方らしい）を写しているのもレアだし、雨天用シートをはがす過程をグラウンドレベルの視点で捉えた写真も新鮮。阪神園芸ファン（阪神ファンと同じぐらいの数いる）には垂涎《すいぜん》のカットである。

本書は、そんな甲子園球場の舞台裏を、古参の阪神ファンである写真家が撮った写真集だ。巻頭を飾るグラウンドキーパーに始まり、バッティングピッチャー、ブルペン捕手、リリーフカーの運転手、ボールガール、ビールの売り子、スタンド清掃員など、さまざまな裏方たちが登場する。

地味といえばすこぶる地味。しかし、我々タイガースファンにとって甲子園球場はまさに聖地であり、ある意味チームより誇れる存在だからして、それを支える人たちは選手と同じか、あるいはそれ以上のヒーローなのだ。スコアボードのコントロール室、場内アナウンス室、コーチ室、トレーナー室、球場警備本部、救護室など、普段は見られない場所、そこで働く人々の姿を垣間見れるのもファンとしてはうれしい。モノクロながら大判サイズということもあり、現場の空気がビリビリと伝わってくる。

さらにうれしいのは、被写体となった人々から熱いタイガース愛が伝わってくることだ。川原新治、山崎一玄ら懐かしい顔も含むバッティングピッチャーやブルペン捕手が、「一番印象に残っていること」という問いに、こぞって「(2003年と2005年の)優勝」を挙げる。それは当然の答えかもしれないが、若手選手の寮「虎風荘」の厨房スタッフ(そんなところまでカメラが入っている)もまた同じ質問に「優勝」と答える人が多いのだ(ほかに多いのは「寮生が1軍で活躍する姿を見るとき」)。

たとえ一軍のグラウンドでプレーしていなくても、みんながタイガースの一員として優勝を喜んでいる。こういう人たちがいるから一軍の選手たちも思いきってプレーできるのだし、こういう人たちのためにもやはりたまには優勝しなければいけない。というか、我々ファンのためにも10年に1回ぐらいは何とかひとつお願いします。

写真集の最後には、甲子園に応援に来た虎党たちのポートレートが収められている。赤子を抱えたママやパパ(赤子はタテジマを着せられている)、トラッキーのお面をかぶった子供、ド派手な虎ギャル、車いすで観戦する若者(金本仕様のレプリカユニ着用)、タテジマに虎マーク&六甲おろしの歌詞入り着流し姿のおじさん、THマークに髪をカットして黄色に染めたお兄さん……。

なんかもうバカばっかりで泣けてくる。あとがきで写真家が〈**撮り進むうちに、阪神タイガースを支える人々で、もうひとつの最も大切なファンを撮らなければ、この写真集は成り立たないと思うようになった**〉と記すとおり、実に素晴らしく愛すべき虎バカたちだ。

しかし、試合後のスタンドのゴミ回収作業の写真を見ると、ファンの側も観戦マナーをもっと向上しなければ、とも思う。解説によれば〈ナイターの場合試合終了後、観客が1人もいなくなるのを確認してから内野席のみ行う。（略）通常、作業終了時刻は午前1時ごろ、延長戦のときは午前2時になることもある〉〈アルプス席、外野席、外周は翌日午前8時から作業を始め午前中に終わる〉というのだから大変だ。

撮影期間は2006年7月〜2008年8月。現在とは多少違う部分もあるかもしれないが、本当にいろんな人が甲子園球場を、阪神タイガースを支えていることが、実感としてわかる。記録としても貴重な写真集である。

第6章

フィクション虎バカ本

たとえ現実の阪神タイガースがどんなに負けていたとしても、フィクションの中では優勝できる。架空のスープレーヤーが大活躍しても問題ない。そんな夢と希望と哀愁に満ちた虎バカ小説&マンガを、心ゆくまでお楽しみあれ。

048

新本格猛虎会の冒険

有栖川有栖ほか／東京創元社／2003年

虎バカ心くすぐる仕掛けが満載の阪神ファン的ミステリー競作集

第4章で紹介した北杜夫や松村邦洋らのほかにも阪神ファンの有名人は数多い。芸能界では渡辺謙、千秋、伊東美咲、加藤清史郎、Char、スポーツ界では岡田武史、遠藤保仁、将棋界では谷川浩司など、いろんな名前が挙げられる。小説家・漫画家にも同志は多く、小川洋子、江國香織、高橋留美子、森田まさのり、高橋ツトム、喜国雅彦、しりあがり寿など多士済々。

そんな阪神ファンの作家、しかもミステリー作家だけを集めて一冊の本にしてしまったのが、その名も『新本格猛虎会の冒険』である。執筆陣は有栖川有栖、いしいひさいち、逢坂剛、佳多山大地、北村薫、黒崎緑、小森健太朗、白峰良介、エドワード・D・ホックの9人（ただし、いしいひさいちはヤクルトファン、エドワード・D・ホックもたぶん阪神ファンではないと思うが、まあ、そこは大目に見るとしよう）。

もちろん、ただ阪神ファンの作家が書いた作品を集めただけではない。「阪神タイガース熱烈応援ミステリ・アンソロジー」と銘打たれているとおり、各自がタイガースを題材とした新作を書き下ろしている。どんなに忙しくても、こういう仕事を断るようでは虎バカとは呼べない。その点、ここに名を連ねたメンバーは、立派な虎バカと言えるだろう。

とはいえ、本書のような企画モノの場合、阪神タイガースという〝お題〟と、ミステリーとしての面白さをいかに両立させるかが難しい。しかも、こういう本をうっかり買ってしまう私のような（特にミステリー好きでもない）阪神ファンをも満足させねばならず、作者の阪神ファン度が問われることにもなる。

そんななかで三拍子そろった好プレーを見せてくれたのが、白峰良介「虎に捧げる密室」だ。今日にも阪神の優勝が決まろうかという日に、阪神ファンの老人が自宅で頭を殴られ死んでいるのが発見される。が、その家に出入りした者はいないはずで……という密室モノ。阪神ファンならではの心理と行動が事件のカギを握り、祝祭空間としての甲子園球場の素晴らしさも描かれた快作である。

ネタバレになるので詳しくは書かないが、事件解決の糸口となるのが被害者の部屋に置かれたビデオテープ。『1985年10月30日・甲子園』『2002年4月19日・甲子園』『2002年6月15日・甲子園』などと書かれたラベルが貼られたビデオコレクションを見た阪神ファンの刑事の心に引っかかったものとは……?

また、少々暴投気味ながら、有栖川有栖「猛虎館の惨劇」も、阪神ファンにはたまらない仕掛けが満載だ。

そして、もうひとつの見どころは、各人が阪神ファン歴を述べた著者紹介。皆が思いの丈を綴っているが、小森健太朗の**〈小学校の頃、習字のかきぞめの自由課題で「江夏豊」と書いたことがある〉**というのには思わず噴いた。

しかし、その誰よりも上を行く一番の虎バカは、こんな企画を考えて会議を通して本にした編集者かもしれない。しかもこの本、２００３年３月の発売なのだ。つまり、あの歓喜のシーズンの開幕前。帯に書かれた〈今年こそ優勝や〉のセリフが実現してしまったのだから、さすがミステリー編集者の推理力と言うべきか。

まあ、阪神ファンの言う〈今年こそ優勝や〉なんてのは、年賀状の「今年もよろしく」と同じ、時候のあいさつみたいなものではあるけれど。

049

わが愛しの阪神《タイガース》

満点ジャック④

新田たつお／実業之日本社／1985年

トラキチ受験生の願いを叶えるため超人家庭教師がタイガースに入団！

前述のとおり、漫画家にも阪神ファンは少なくない。が、だからといって誰もが阪神マンガを描くかというとそんなことはなく、『ROOKIES』の森田まさのりのように登場人物に阪神選手の名前をつけたり、朝日新聞夕刊連載の『地球防衛家のヒトビト』のしりあがり寿のように「お父さんが阪神ファン」という設定にするぐらいがせいぜいだ。だいいち、いきなり「阪神マンガを描かせろ！」と言っても編集者が許さない。

しかし、'85年はちょっと事情が違った。とにかく「阪神」とか「タイガース」とか名前がついていれば何でも売れたわけで、多少の無茶は許されたのだ。

そんななか、驚くべき荒業を繰り出したのが、『静かなるドン』などで知られる新田たつおである。大阪出身で熱心な阪神ファンの新田は、当時連載していた『満点ジャック』という作品を、強引に阪神マンガに変身させてしまったのだ。しかも、その部分を収録した単行本4巻を『わが愛しの阪神《タイガース》』とのタイトルで刊行。本来のタイトルである『満点ジャック』は副題扱いにしてしまったのだから、作者も作者なら出版社も出版社である（まあ、それだけ当時の虎フィーバーがすごかったという証拠でもあるが）。

もともとの『満点ジャック』は、ゴルゴ13的キャラの凄腕プロ家庭教師・東大一《あずまだいはじめ》を主人公としたドタバタコメディ。『わが愛しの阪神』の巻では、阪神の試合が気になって勉強が手につかないトラキチ受験生の家庭教師となる。

「大学に合格したかったら阪神ファンはやめることだな」「ここ一番に強くなければならないのが受験生だ／そういう意味でも阪神のファンはよくない」と、至極もっともなアドバイスをする東大。しかし、「阪神タイガースが優勝したら死んだ気になって勉強するさかい！」と懇願されて阪神に入団、持ち前の人間離れした身体能力で、バース、掛布らとともにチームを21年ぶりの優勝に導く……というのが大筋だ。

何がすごいって、この東大の剛腕ぶりがトンデモない。常時160キロ台後半を叩きだし、最速はなんと172キロ！　酷使しすぎた右腕が壊れて一度は戦線離脱するものの、山ごもりの特訓で打者として再起、いきなり4打席連続ホーマーをかっとばす。さらに、顔面に死球を食らって生死の境をさまようも、今度はサウスポー投手として復活。パワーアップした剛腕で192キロの超豪速球を投げるのだから、開いた口がふさがらない。

現在のように選手の肖像権にもうるさくない時代だったため、阪神はもちろん各チームの選手や首脳陣、解説者らが実名で登場するのも楽しい。吉田監督のみみっちい感じや米田コーチの顔のデカさ、山本和行のオッサンくささ、伊藤宏光（文隆）のヘタレぶりなども遠慮なく描く。ペナント終盤、タイガースの快進撃を描いた場面で、スポーツ新聞に〈バース62号〉〈掛布52号〉なんて景気のいい数字が躍っているのにもグッとくる。

でも、本当にグッとくるのは、東大不在の阪神がズルズル連敗しているシチュエーションでの受験生と屋台のおでん屋のオッサンとの会話だったりするのだった。ボロ負けの戦況を伝えるラジオ（舞台は東京なのでサンテレビは見れない。ネットもない当時は巨人戦以外テレビ中継はなく、ラジオがせめてもの情報源だった）を、たまらず切ったオッサンがしばらくしてまた携帯ラジオを耳に当てる。

「おっさんなにしとんねん」と聞く受験生に答えていわく、**「いや阪神が逆転してへんかなーと」**。それを聞いた受験生は**「そうやねんなー未練たらしくあきらめきれずに何度もラジオをつけたり消したりして……ああ〜〜ひょっとしたら点を入れてるんとちがうか／ひっくり返してるんとちがうやろか／そうやってボロボロの負け試合を最後まで聞いてまうんやなー」**としんみりするのだが、この感覚、わかりすぎるほどわかる！

現実とフィクションをリンクさせた展開はエンタメ度も十分。作中では、阪神と巨人が同率首位で最終戦のV決戦に臨む。結果は言うまでもないが、東大が投げ、バースが打ち、そして掛布のサヨナラ2ランで優勝が決まるのだ。「ああ、この人は本物の虎バカだなあ」と思わせる描写が多々あり、今読み返してもちょっと泣けてくる。

というか、東大みたいな選手がホントにいたらなあ……。

050 ヒーローインタビュー

坂井希久子／角川春樹事務所／2013年

ドラフト8位入団の一軍半の選手と彼を取り巻く人々の泣き笑い人生

2000年のドラフトで、我らが阪神タイガースは藤田太陽を1位指名した。2位が伊達昌司、3位が狩野恵輔、そして4位が赤星憲広である。この年は6位で沖原佳典、7位で藤本敦士を指名しているので、全体的には成功の年と言えるだろう。

しかし、8位指名は誰だったかと聞かれたら、よほどのファンでも答えられまい。

正解は、九州東海大から入団した梶原康司。在籍4年間で4試合に出場し、3打数0安打2三振という成績だから、記憶に残らないのも無理はない。

それと同じ2000年のドラフト8位入団という設定なのが、本書の主人公・仁藤《にとう》全《あきら》である。二軍では2度の二冠王＋本塁打王2回と打ちまくりながら、一軍では10年間で171試合出場、通算打率2割6分7厘で8本塁打。真面目すぎて気負いが先に立ち、一軍ではなかなか実力を発揮できない。『ヒーローインタビュー』というタイトルとは裏腹に、一度もお立ち台に上がったことがない選手である。

そんな一軍半の選手のことを、高校時代の野球部仲間、担当スカウト、後輩のドラ1投手、彼が好意を寄せる女性など、周囲の人々が語る形式で物語は進む。一人の野球選手の話をしながら、それぞれの語り手の人生をも浮き彫りにする筆致は巧み。仁藤の地元であり阪神タイガースのお膝下でもある尼崎の街を舞台とした人情ドラマは、最後のどんでん返し的仕掛けまで泣き笑いの連打で、エンタメ小説として完成度は高い。

明らかに山本昌をモデルにした選手もナイスな役で登場するので中日ファンにもおすすめだが、やはり一番楽しめるのは阪神ファンだ。虎バカ的視点から「うん、わかってるね！」とグッとこぶしを握りたくなる場面やセリフが随所に出てくる。

仁藤をスカウトした宮澤秋人《みやざわあきひと》は、1972年ドラフト3位で阪神入団（現実の3位指名は宇部商業高出身の松永美隆《まつながよしたか》。投手だが一塁の偵察メンバーに名を連ねたことが一度あるだけで登板機会なし）、'85年にスカウトに転じた。あの日本一の年である。

〈あれを「内側の人間」として喜べたんは、ホンマにラッキーなことやった。バース、掛布、岡田のバックスクリーン三連発な。もう、あれを知らん世代が阪神ファンの中にもようけおるんやろなぁ〉と宮澤は語る。これがいかにも関西のオッサン然とした味のあるいいキャラなのだ。

２００９年から指揮を執った〈阿《あ》弓《ゆみ》監督〉については、こう評する。

〈彼は消極的な監督やった。球団フロントにマスコミにＯＢ連中、奴らと波風立てずにやってこうゆう姿勢が見え見えやったわ。選手起用も作戦選択も、えらい型にはまっとってなぁ〉

いやもうホントにそのとおり！　作者自身はもともと野球オンチだったらしく、インタビューで〈担当編集の方が野球通だったので、資料をたくさん送っていただき読み込みました。実際に甲子園球場にも足を運んで、ゲームの中にあるドラマ性を解説していただきながら、野球観戦もしました。野次を飛ばすファンの方達も面白くて、本当に楽しかったです〉（「WEBきらら」より）と述べている。この阿弓監督評も編集者の入れ知恵なのだろうが、虎バカ諸氏なら同意する人は多いはず。

２０１０年のシーズン終盤、中日との優勝争いが白熱するなか、骨折で入院した宮澤は、病院のロビーで他の患者たちと一緒に阪神戦の中継を見ていた。そこで末期がんのじいさんが発したセリフと、それを振り返る宮澤の語りがまたシブい。

〈「俺ら生きてきた道はみぃんなバラバラやけど、共通しとることが二つだけあるな。いつか来る死と、阪神ファンや」／その爺さん、今はもう生きとらんけどな。「人はいつか死ぬ」っちゅうのと同じくらいの確かさで、阪神タイガースを応援しとった〉

そんなじいさんらを見ながら、仁藤の高校時代のチームメイトはこう思う。

〈阪神ファンは、俺に言わせりゃもはや人格の一部や。その上に成り立ってるモンがようさんあるから、どうしたってファンをやめられん。どんだけ負けても裏切られても、死ぬほどの大病を患ったって、ボヤきながらついてゆく。そうゆうモンがある人生は、ないよりはええんやないかと思う〉

みんなが阪神タイガース的哀歓を背負っている。たとえお立ち台に上がることはなくても、応援してくれる人のいる人生にはそれだけの価値がある。

ちなみに、現実の阪神の歴代選手で仁藤に近い成績を探してみたら、塩谷和彦の9年間で157試合、2割3分8厘、7本塁打というのが比較的近かった。塩谷はオリックスに移籍後、3割を打ってオールスターに出た年もあったが、引退後に詐欺容疑で逮捕されている。彼にも応援する人はいたはずだが、それもまた人生というべきか。

051

虎がにじんだ夕暮れ

山田隆道／幻冬舎文庫／2014年（親本は2012年）

虎バカじいちゃんと〈僕〉と家族の
1985年から2003年までの物語

1985年、21年ぶりの優勝を果たした我らが阪神タイガース。しかし、次に優勝したのは18年後、世紀をまたいだ2003年のことだった。その18年という決して短くはない歳月を、とある大阪の家族の姿を通じて描いたのが本作だ。

語り手は1974年、掛布のルーキーイヤー生まれの〈僕〉。虎バカの祖父に雅之と名づけられ、立派な虎バカに育っている。

祖父は1924年、甲子園球場ができた年に生まれた。赤ラーク（たばこ）とダルマ

（サントリーオールド）を片時も放さず、粉もんと吉本新喜劇を愛する生粋の大阪人。タイガースのこととなると見境なくなり、周りの顰蹙《ひんしゅく》を買うことも少なくない。

〈たとえば僕が何かの病気で倒れたとして、その手術の日と阪神が優勝するかしないかの大一番の日が重なったとしたら、迷わず甲子園に駆けつけるんじゃないか〉〈じいちゃんにとって、阪神はもはや生活の一部なのだろう。ただの趣味程度なら我慢できるが、水や空気になると話は別だ。水を飲まないと喉が渇き、空気を吸わないと窒息してしまうように、じいちゃんは阪神に触れていないと死んでしまうのかもしれない〉というのが、孫から見たじいちゃん評だ。

そんなじいちゃんだが、実は阪神の優勝を生で見たことがない。戦前から戦後すぐの優勝時は野球観戦どころではなく、2リーグ分立後の2度の優勝時は仕事のため球場に行くことができなかった。それから21年を経た1985年、ようやく悲願がかないそうだったにもかかわらず、じいちゃんは優勝を目前にして盲腸で入院してしまう。「今年の優勝は絶対に生で見届けるって、ずっと前から決めてたんや。たとえ甲子園やのうてもええ。後楽園でも神宮でも広島でもどこでも行くんや」と、駄々をこねるじいちゃん。

ああ、この気持ちは痛いほどわかる。私も'85年の優勝は生で見ることができず、'03年のときは絶対生で見ると心に誓ったクチだ。しかし、結局じいちゃんは病室のテレビで胴上げを見ることになる。

「今年は球場行かれへんかったけど、来年は行こうな。今の阪神はほんまに強いで。掛布とバースと岡田がいんねんから、黄金時代到来や」と励ます孫の言葉に「そうや、黄金時代やっ。来年からは優勝ばっかりやぞ」と返すじいちゃん。

が、ご承知のとおり、その後の阪神は黄金時代どころか暗黒時代に突入する。バースが抜け、掛布が引退した頃、昭和が終わる。低迷する阪神に歩調を合わせるかのようにじいちゃんの酒量は増え、近所の店でくだを巻いたり甲子園のスタンドでチンピラにケンカを吹っかけたりと、行動もすさみがちに。

一方、思春期を迎えた〈僕〉は、遊び人の友達に紹介されたひとつ年上の女の子と付き合い始める。しかし、高校卒業後、彼女は夢を追って上京。二人の間には物理的な距離以上の距離ができてしまう。バブルも崩壊し、海の向こうでは湾岸戦争勃発と、世相もどことなく暗い空気に覆われていく。

そんななか、暗闇に差した一筋の光明のように'92年のタイガースは躍進する。じいちゃんが「おまえ、何年江夏二世って期待させる気やー！」とヤジり続けたマイク仲田が覚醒し、亀山&新庄のコンビが大活躍。糖尿病に高血圧で弱り気味だったじいちゃんも、ここぞとばかりに盛り上がる。しかし、結果はこれまたご承知のとおり。

めっきり生気を失い、老け込むじいちゃん。孫は孫で進学も就職もせずニートとなってしまう。'95年には阪神淡路大震災にも見舞われる。70歳を超えたじいちゃんは入退院を繰り返すようになり、さらには認知症も発症。２００２年にブレイクした左腕・井川慶を見ても「マイク、すごいなあ。江夏二世やな」なんて反応しかできなくなったじいちゃんは、はたして優勝を見ることができるのか……？

祖父と孫の虎バカ二人に、祖母、父母と姉、犬の〈田淵〉と猫の〈江夏〉を加えた一家と阪神タイガース、そして日本社会の１９８５年から２００３年までの変遷が、互いに絡み合いながら哀歓たっぷりに綴られる。人生が時代の流れに左右されるのは当然だが、虎バカの場合、タイガースの動向にも左右されてしまうから厄介だ。本人たちはともかく、家族や周囲の人間はいい迷惑かもしれない。

しかし、タイガースを愛することもできない人間が、家族を、誰かを愛せるだろうか。タイガースファンこそが無償の愛の尊さと苦しさを知っている。本作がタイガースと家族の歴史を重ね合わせたのは、ある意味、必然だったのだ。

052

1985

虎フィーバーと恋愛と就職と——京都の大学生たちのハルキ的青春

真田至／太田出版／2000年

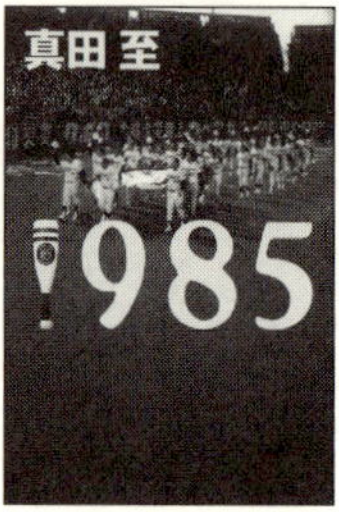

阪神の優勝を、何歳のときにどこで経験するか。それは極めて重要な問題だ。巨人のように見境なく優勝していたら個々の優勝に特に思い入れもないだろうが、阪神の場合は違う。ひとつの優勝が人生と密接に結びついているのである。

１９８５年の優勝時、私は大学3年生だった。東京の大学に通っていたためテレビで阪神の試合を見る機会はあまりなかったが、人生で最も呑気で元気な時期でもあり、とにかく毎日がお祭り騒ぎだった。大学で学んだことなど（心理学の実験に使う）ネズミの持ち方以外まるで覚えてないが、あの年のタイガースの破壊的な戦いぶりは、当時のさまざまな思い出とともに人生の宝となっている。

一方、本書の主人公は大学4年生。私のひとつ年上だ。生まれも育ちも茨城県ながら熱狂的な阪神ファンで、サンテレビと提携している京都テレビならタイガース戦を完全中継しているらしいと聞いて京都の立命館大学に進学した。だったら神戸大学か、それが無理なら関西学院大学とか関西大学のほうがサンテレビも見れるし甲子園にも近くてよさそうだが、作者自身が茨城県から立命館大学に進学したと聞けば腑に落ちる。

そんな作者の分身的トラキチ大学生が過ごした1985年を、タイガースの快進撃を縦糸に、同い年のトラキチ女子との友達以上恋人未満の不思議な関係を横糸として綴った青春小説。同じく大学生としてあの甘美な狂騒に満ちた一年を経験した私としては、いろいろ共感する部分はある。が、それより何よりすごいのは、その文体だ。思いっきり〝なんちゃってハルキ〟なのである。

たとえばこの年の虎フィーバーについて、次のように語る。

〈重症か軽症かの差こそあれ、四月十三日の開幕以来、みんながみんなおなじようにお

かしくなっていたのだ。タイガースのことなど口に出すのも嫌になったと公言した次の次の朝には、興奮に打ち震えつつ四紙も五紙もスポーツ新聞を買い込んでしまう僕たちの、どこまでが日常の側にあり、どこまでが非日常の側にあるのだろう？〉

何とかして阪神情報を入手しようと涙ぐましい努力をしていた少年時代を振り返って言うことには、〈連勝したり連敗したり、完膚なきまでに打ちのめしたり打ちのめされたりの、過剰に波瀾万丈な彼らのチーム状況に、どれだけ橋本もみじ〈引用者注：主人公の名前〉の日常が根強く支配されていたにしても、そういう自分がタイガースファンとして相対的にいかなる位置にあるのかはよくわからなかった。すべてのタイガースファンがマゾであるともアンチ巨人であるとも限らないように。ものごとにはさまざまな尺度がある。そもそも僕は茨城県の片田舎で、たったひとりだったのだ〉。

いや、言いたいことはわかる。タイガースファンの生態や嗜好をよく表してもいる。にしても、あまりにハルキっぽくないか？

彼女の誕生日の5月16日、二人は甲子園の大洋戦を見に行く。ラッキーセブンのジェット風船の描写はこうだ。

〈そのとき色とりどりの無数の風船たちが、怒張した大男根の如くに小刻みに身を震わせ、臨戦態勢に入ろうとしていた〉

その回、二死から岡田のホームランが飛び出すと――。

〈ぐあああーんと意味不明の大音響があがり、甲子園球場が大きく歪んだ。周囲の「虎模様」の男女も僕も七子さん（引用者注：彼女の名前）も、とうてい日本語とは認められない咆哮の一部分を占め、岡田彰布に驚愕しホームランに驚愕し今ここでこうしている自分たちに驚愕していた。大洋ホエールズの得点は三。阪神タイガースの得点は一。ならばあと何点取れば同点なのか、何点取れば逆転なのか、そういう単純な計算すらも無化されてしまうほどに、スタジアム内の秩序は急変してしまっていた〉

主人公の部屋でクラシックのレコードをかけながら会話するシーンでは、ドビュッシーとその曲を弾くピアニストのサンソン・フランソワの話にタイガースの歴代選手の話をクロスオーバーさせる。いやもう、おしゃれなんだか何なんだか。

しかし、この混沌具合が阪神タイガース的と言えなくもない。

混沌といえば、本書には本文中の阪神関連事項に関するマニアックな注釈が随所に添えられている。たとえば、バースが4月の月間MVPを獲ったことについて〈打率3割9分2厘、ホームラン7本、打点18。タイガースの開幕ダッシュの牽引車はやっぱりこの男だった。ちなみに副賞の新じゃが500キロ、新たまねぎ1200キロは養護施設「三光塾」を含め15の施設に寄贈された〉。8月6日時点で3割6分4厘あった中田良弘投手のバッティングについて〈シーズン終了時でも42打数12安打、打率2割8分6厘、9打点、ホームラン1本。打撃3部門すべてにおいて、この年の川藤幸三の数字を上回った〉。これらの情報は、小説を読み進むうえでは必要ない。むしろ流れの邪魔ですらある。が、作者としてはどうしても書きたかったのだろう。

阪神タイガースと村上春樹的世界。一見、水と油だが、意外と相性は悪くない。

053

青春の覇気《はき》美《うるわ》しく

——小説・嗚呼！　阪神タイガース

近藤道郎／南雲堂／1988年

光GENJIの幻のメンバーがタイガースに入団して大活躍⁉

ビミョーな感じのカバーイラストに「美少年・光源氏がタイガースに入団⁉」とのキャッチコピー。いかにもキワモノっぽい見た目どおり、小説としてはなかなかのキワモノだ。が、タイガースへの偏愛ぶりはガチである。

〈タイガース・ファンの願いもむなしく、村山阪神のペナントレースは、悲惨な状況でスタートした〉

そんなネガティブな書き出しのプロローグでは、まずその年の開幕からの戦いぶりが記される。仲田幸司、マット・キーオ、遠山昭治を先発に立てた広島球場での開幕3連戦に3連敗という結果は、0対3、0対2、1対4というスコアも含めて、1988年の記録と完全に一致。作中に明記はされていないが、物語の舞台は1988年、第二次村山政権の1年目と考えて間違いなかろう。

しかるに、本書の発行は1988年8月。つまり、開幕からの低迷ぶりに業を煮やし、猛スピードで書いたわけだ。虎バカパワー恐るべし!

ただし、作中のタイガースは現実以上に負けまくる。5月末時点で9勝29敗2分というのは、いくら何でも負けすぎだ。現実のタイガースはさすがにそこまで負けてない。それどころか、なんと20勝19敗1分と勝ち越している(最終的には51勝77敗2分で最下位だったが)。とはいえ、前年の'87年は同時期に11勝27敗2分だったから、ありえない数字ではない。

ともあれ、タイガースがあまりに負けるものだから、関西のスポーツ紙は売れず、甲子園には閑古鳥が鳴く。さらにパ・リーグの関西3球団(阪急ブレーブス、近鉄バファローズ、南海ホークス。すべて現存しないのは残念)も絶不調で、関西の野球ファンはプロ野球に拒否反応を示し始める。阪神、阪急、近鉄、南海がすべて電鉄を親会社とすることから、電車に乗らない運動が勃発。おかげで車の利用が激増して道路は大渋滞となり、物流に支障をきたす事態となる。大阪ミナミの戎橋筋にある老舗のかまぼこ屋「大寅」や「トラヤ洋服店」、キタの居酒屋「虎連坊」も売り上げガタ落ち。「風が吹けば桶屋が儲かる」の逆パターンで、関西経済はマヒ状態に陥ってしまうのだ。

この窮状を脱するには、タイガースに勝ってもらうしかない。そこで、光ＧＥＮＪＩのもう一人のメンバーだった美少年が救世主として阪神タイガースに入団する……というのが本作の骨子。あのジャニーズのアイドルグループを（おそらく無許可で）作中に登場させるのも大胆だが、実際のメンバーやジャニー喜多川までがキャラとして出てくるのには驚く。掛布や岡田、当時「少年隊」として売り出し中だった和田豊、大野久、中野佐資ら選手はもちろん、ヒゲの応援団長・松林豊氏、デイリースポーツの改発博明記者やトラキチで知られる高坂正堯教授らを実名でバンバン登場させ、好き勝手なことを書いている。あげくの果ては、当時の首相・竹下登と社会党・土井たか子委員長（阪神ファン）が一緒に甲子園で阪神－巨人戦を観戦するシーンまであったりして、いろんな意味でフリーダムな小説だ。

著者の自由すぎる発想（妄想ともいう）は、とどまるところを知らず、景浦将、西村幸生、藤井勇、松木謙治郎ら往年の虎戦士たちも天国の住人として登場。**〈天国では、OBによる阪神―巨人戦はできない。なぜできないかというと、巨人の連中はみんな、地獄へいってしまったからである〉**なんて記述も飛び出す。

さらに、田淵、江夏、藤田平、小林繁らが続々現役復帰。ここぞという場面で存在感を発揮する。中西故障のあとのストッパーとしては、これまた現役復帰した源五郎丸洋が150キロ超の〝火の玉ストレート〟で活躍。源五郎丸本人も、まさかこんなところで自分が活躍しているとは夢にも思わないだろう。

さて、肝心の美少年救世主（登録名「光源氏」）のほうは、5月31日、甲子園での対ヤクルト戦でデビューする。0対0で迎えた8回裏、ヒットで出た中野を木戸克彦が送って一死二塁の場面で、ピッチャーの池田親興への代打で登場。カウント2ストライク1ボールからファウルでなんと36球も粘り、40球目、レフト前へ先制タイムリーを放つ。さらに3日後、今度はナゴヤ球場での中日戦で投手として先発し、見事2安打完封。のちの二刀流・大谷翔平の登場を予見していたと言えなくもない。

その活躍に刺激を受けて目を覚ました我らが阪神タイガースは快進撃を開始。5月末に17ゲームあった首位巨人との差を着実に縮めていく。ところが、実はペナントレース後半戦、光源氏は諸事情により一軍を離れていて、あまり活躍しない。物語の真の主役は、彼を見出したプロデューサー的人物なのである。

というか、著者が書きたかったのは忽然と現れたスーパーヒーローではなく、多士済々な実名トラキチたちの愛すべき姿であり、新旧虎戦士たちの夢のような活躍ぶりなのだろう。クライマックスの巨人戦は想像を絶するトンデモ展開。巨人・山倉が当時のニックネームどおりの〝ボンクラ〟扱いで笑ってしまう。

悪ノリ全開のハチャメチャ小説ではあるが、虎バカにとっては「我が意を得たり」とひざを打つ描写も多々。とりあえず、源五郎丸に読ませてあげたい。

054

球心蔵

阿久悠／河出書房新社／1997年

〝お家断絶〟の危機に陥った阪神をあの喜劇役者似の監督が蘇らせる！

情熱家で涙もろい村雨烈《むらさめれつ》監督率いる阪神タイガースは、そのシーズン、負けに負けた。さすがのファンも愛想を尽かし、甲子園はガラガラ。シーズン2度目の13連敗を喫した試合後には、監督、コーチ、選手らに生卵が投げつけられた。そして35勝99敗で迎えたシーズン最終戦、なんとしても100敗は免れようという指揮官の願いも空しく、国民的英雄・長与太陽《ながよたいよう》監督率いる読売巨人軍を相手になす術なく0対9で敗れてしまう。しかも、ノーヒットノーランのおまけ付き。試合終了の瞬間、何を思ったか、マウンドに

向かって駆け出す村雨。一方、大記録を達成した投手を祝福するためマウンドに駆け寄った長与。現役時代から因縁のある二人が、マウンド付近で遭遇し、何事か言葉を交わす。そこで一度はベンチに戻りかけた村雨が、ものすごい勢いで引き返し、長与に殴りかかった——。

そんな「忠臣蔵」の松の廊下のような場面から始まる物語。現実の阪神タイガースが一番負けたのは１９９５年の84敗、楽天イーグルスの1年目（２００５年）が97敗で、毎日負けてる印象だったから、１００敗というのはとんでもない負けっぷりだ（ただし、プロ野球記録は１９６1年の近鉄バファローの１０３敗）。

ダメ虎として世間から嘲笑の対象となっていたタイガースは、この殴打事件も加わって、まさに〝お家断絶〟の危機を迎える。のみならず、作中ではプロ野球自体が現実以上に人気凋落しており、ジャイアンツだけが唯我独尊の栄華を誇っている状況。巷にはジャイアンツを中心とした1リーグ制への球界再編の噂も飛び交っていた。

そこで火中の栗を拾うべく、タイガースの監督の座に就いたのが、あの１９８５年のV戦士・岡安良《おかやすよし》雄《お》である。〈喜劇役者に似た顔〉との描写を読むまでもなく、岡田彰布をモデルにしていることは明らか。この小説の連載時、岡田はオリックスの二軍助監督兼打撃コーチだった。ここで、江夏でも田淵でも掛布でも川藤でもなく、岡田を監督（のモデル）に選んだ阿久悠の眼力には恐れ入る。

巨人の長与監督が「岡安良雄君ねえ。あの風貌に騙されちゃいけませんよ。彼はやると思いますよ。なかなかどうして」とコメントしたとおり、岡安監督は（岡田監督と同様に）なかなかの策士であった。コーチングスタッフに日夏旭《ひなつあきら》、田武公一《たぶこういち》、川東幸太《かわとうこうた》、二軍監督に西木幸於《にしきゆきお》を招聘（それぞれ誰をモデルにしているかは説明不要だろう）。キャンプでは、日本ハムから移籍してきた大打者・落満作《おちまんさく》を除き、全選手を横一線で競わせる。実績のある選手でも容赦なく二軍に落とされるのだが、その落とされる選手の描写に紙幅を割くのが、いかにも阿久悠らしい。

そこで登場する、岡安が選手に送った年賀状の檄文が泣かせる。

〈――たぶん諸君は野球を愛している。しかし、今年に限っては、阪神タイガースを愛してほしい。野球を愛するなら、阪神タイガースの野球を愛してほしい。／そして、今年を、野球人生の最後と思ってほしい。縦縞のユニホームが、来年も縦縞であり得るか、それは諸君の情熱にかかっていると考えてほしい。／さらに、諸君には、何よりもまず、人間の心をときめかす魅惑を持った阪神タイガースの一員である誇りを、持ってほしい。誰よりも愛された存在だと、胸を張ってほしい。／それがあれば、何も苦しくない。そしたら、勝つ。我々が勝てば、世は明るくなる。個人の存在が認められる。名もなき人間の、どっこい生きている、が証明できる。／諸君、ともに夢を見よう。ただし、仲良きことはおぞましきかな――〉

　昭和を代表する作詞家・阿久悠だけに、ひとつひとつの言葉に力がある。作中で西木二軍監督が語る〈化けてください。進歩する、成長するなどというスピードでは、プロの世界では取り残されます。進歩は現状維持です。現状維持は退歩です。化けるしかありません。（略）化けるぞ、化けるぞと念じつづけて野球をやることです〉というセリフは、中谷や高山、大山、江越、陽川らにも聞かせたい。

　本文の合間に時折、歌詞のような詩のような文言が挿入されるのも阿久悠ならではの味わい。たとえばタイガースのキャンプの様子を嘲笑的に報じるマスコミの様子を描いたあとに、こんなフレーズが差し込まれる。

〈愚か者よ。人の値打ちを知らざる者たちよ。せせら笑うも、舌出すことも、冷たき春を最後にしようぞ。人間ならば、男ならば、奇跡を願う夢の一つも、ポケットに入れて生きたいもの。そうじゃないか、そうじゃないか。夏を見ろ。秋を見ろ。誰が呵々と笑うか。そして、この世は、まだまだ捨てたものじゃないと、豊かな気持で歌えるか……〉

なんというか、小説というより活弁付きの映画を見ているような感じがする。

いよいよ開幕、という場面の描写もまた映像的だ。

〈桜が咲いていた。その薄紅色の花弁に雪が舞うこともあったが、そんな日があったとしても春であった〉

そして、岡安が田武に開幕オーダーのメモを渡すシーン。

〈昂りながら、田武公一が開いたメモには、投手を除く一番から八番までのオーダーが書いてあったのであるが、それは、⑴風見鶏、⑵電脳型人間、⑶名人、⑷神様、⑸怪物、⑹正体不明、⑺未完の大器、⑻一芸、というものであった。／「これはどういうことかな」／田武公一は、日夏旭と顔を見合わせながら訊ねた。岡安良雄はそれには答えず、よろしく、と云って目を閉じた〉とは、岡田監督なら本当にやりそうな話である。

はたしてタイガースは開幕から予想外の善戦を見せ、さらに梅雨明け以降、二軍で鍛えて〝化けた〟選手たちが加わり、快進撃を開始する。新治剛《にいはりごう》、穐山勉《あきやまつとむ》、八女弘《やめひろし》、桧《ひの》木《き》新太郎《しんたろう》、浜本治《はまもとおさむ》、御舟敏郎《みふねとしろう》、川下哲郎《かわしもてつろう》といったニヤリとさせられる名前のほかに、虎丸一《とらまるはじめ》とタイガー・ウインなんて完全に架空の選手も登場……って、そのネーミングはどうなのか。阿久悠ほどの人物をもってしても子供じみた妄想をめぐらせずにいられない阪神タイガースの魔力の恐ろしさよ。

熱のこもった筆致ながら、晴れやかな物語ではない。阪神ファンにとっては重く胸苦しい部分もある。１９９７年という暗黒時代真っ只中、Ｊリーグ人気が盛り上がっていた頃の連載であり、昭和的なプロ野球と阪神タイガースという不条理なチームへのレクイエムのようにも映る。しかし、そういう逆境でこそ、阿久悠の哀愁とロマンに満ちた言葉が輝くのもまた事実なのだ。

阿久悠は２００７年にこの世を去った。つまり、２００３年の星野監督、２００５年の岡田監督による胸のすくような優勝劇を見ているわけで、その点では本懐を遂げたと言えるのかもしれない。

055 神様がくれた背番号

原作・松浦儀実、作画・渡辺保裕／日本文芸社／2012年

40歳のホームレスが超人選手となってタイガースで活躍！

2010年に出版された同名小説のマンガ化である。

大阪・天王寺で暮らす40歳のホームレス・飛《とび》田《た》謙吉《けんきち》（通称「ケンちゃん」）の前に、ある日、神様が現れた。生まれてから一度もウソをついたことがないケンちゃんが今年の〝人間大賞〟に選ばれ、そのごほうびに何でも望みをかなえてやると神様は言う。そこでケンちゃんが望んだのは〈世界で一番野球の上手い40歳になって阪神タイガースで活躍してみたい〉ということだった――。

いきなり「ンなアホな！」というドリーム設定だが、似たような妄想を抱いたことのある虎バカは少なくないだろう。かく言う私も、もし生まれ変わったら野茂クラスにドラフトで指名が集中する選手になって、「希望は阪神ですが、指名されればどこでも行きます。ただし、巨人にだけは絶対行きません」と宣言するのが夢である。

もちろんそんなことは現実にはありえない。でも、マンガの中では問題なし。ケンちゃんは、投げれば１６０キロ超え、打てばライナーでホームランという超人選手になってしまったのだ。

そして、周囲のサポートにより晴れて阪神に入団することになるのだが、このマンガの何がうれしいって、選手や球団関係者がすべて実名で出てくるところである。いつのシーズンと明記はされていないが、監督は岡田。矢野がいて赤星がいて金本がいて桧山がいる。今やその金本が監督で矢野がコーチになっているのだから、時の流れの速さを感じずにいられない。故・島野育夫氏が何かとケンちゃんの面倒をみる総合特命コーチとして登場するのも泣ける（ということは２００７年の設定か）。

ほかにも片岡コーチ、佐野スカウト、南信男球団社長までが登場するのには驚いた。

クレジットに〈協力：阪神タイガース〉と入っているように、球団公認だからこそできることで、あの面倒くさい球団相手に交渉した編集者の努力、高い権利料を支払ったであろう出版社の英断にも拍手を送りたい。

そもそもケンちゃんが阪神で活躍したいと願ったのは、自分が阪神ファンだからというよりも、心臓が悪くて運動のできない阪神ファンの少年・タケ坊の夢をかなえるためだった。そのタケ坊がケンちゃんを見物に来た金本に会うシーン。

金本のことを「世界で一番強いと思うで！」と言うタケ坊に金本は答える。

「ワシは弱いんよ／すごく弱いんよ／弱いから不安で不安でしゃあないけぇ／人より一杯練習したんよ」「もしワシが強いんやとしたら…／それは自分で自分が弱いってことを知ってるからやな」——そう言いながらアップで微笑む金本の顔は、陰影入りすぎでちょっと怖いが感動的だ。

金本を含め選手たちの似顔絵がよく似ているのも見どころ。なかでも圧巻はやはり岡田監督である。「そらそうよ」の決めゼリフ（というか、それ以外のセリフなし）を放つときのドヤ顔は懐かしいやら可笑しいやら。

そして、もうひとつ見逃せないのは、それぞれの事情を抱えつつ阪神タイガースというチームを応援する人々を、丁寧に描こうとしている点だ。阪神応援ブログを書く派遣社員の女性、年頃の娘に邪険にされながら私設応援団でトランペットを吹くクリーニング屋のオヤジ……。そんな虎バカたちの夢と希望を背負って、ケンちゃんはどこまで頑張れるのか。金本や赤星や矢野は、どんな活躍を見せるのか。岡田監督が「そらそうよ」以外のセリフを吐くときは来るのか。

現実の阪神から目をそむけたいときにはピッタリの夢の世界。というか、本当にケンちゃんみたいな救世主が現れてくれるよう、神様にお願いしたくなるのであった。

056

なにがなんでも阪神ファン

押川雲太朗／双葉社／1992年

阪神の躍進と奇跡的にシンクロした〝甲子園の名物男〟の喜怒哀楽

近年は『麻雀小僧』などのギャンブルマンガで知られる押川雲太朗のデビュー作（発表時の名義は押川雲太）。単行本の刊行は新庄・亀山コンビの活躍で沸いた1992年だが、連載開始は'91年なので便乗ではない。むしろ、あの暗黒時代に新人が阪神ネタの作品でデビューできたことが逆にすごい。正直、絵もストーリー展開もうまいとは言いがたいが、トラキチの作者ならではの情熱だけはうざいほど詰まっている。それが編集者の琴線に触れたのか、あるいは編集者もトラキチだったのか。

主人公は、神戸市役所に勤めるトラキチの男。5時になったら机を片付け、そそくさと甲子園へ——という設定は、第1章でも紹介した「ヒゲの応援団長」松林豊氏を彷彿させる。職場では猫ならぬカツラをかぶって普通にスーツを着ているが、甲子園では坊主頭に縞模様と「とら」の文字を残した虎刈りにTシャツ、ジャージに虎のハッピ&雪駄というコワモテスタイル。ライトスタンドに紛れ込んだ巨人ファンをボコボコにしたかと思えば、不甲斐ない連敗にブチ切れてグラウンドに乱入、岡田の胸ぐらをつかんで「おまえなんか四番失格じゃあ」とわめく。一番好きな真弓が打席に入ると、「そいやそいや」と念を送りホームランを呼ぶ。

そんな甲子園の名物男、通称・政《まさ》の'91年春から'92年秋までの喜怒哀楽を熱くコミカルに描く。というか'91年は、ほぼ「怒」と「哀」ばかりだった。球団史上ワーストの10連敗。ひとつ勝ってまた7連敗。トラキチ仲間と「3点差で負けるならよしとしよう！」などと慰め合いながら、迎えた甲子園最終戦がまた哀しい。

その試合、トラキチ仲間だった大学生がラジオ局に就職し、アナウンサーとして初実況を担当することになっていた。ところが、解説者は大御所のG党。上から目線で阪神をバカにする解説者と熾烈な舌戦を繰り広げる彼の奮闘に応えるかのように、我らがタイガースは湯舟の好投で8回まで2対0でリード。しかし、9回表に連打を浴びて2対5と逆転される。そこでトラキチアナはたまらず**「しかし まだ9回裏がある！ わがタイガースは必ずや再逆転します‼」**と偏向放送をしてしまう。

結局タイガースはそのまま負けてしまうのだが、トラキチアナは構わず架空実況を続ける。そして最後は**「打ったーー平田！ 満塁サヨナラホーームラン／阪神優勝ーーっ」「今 私の目の前で中村監督の体が一度二度と宙に舞います」**とやるのだが、このアナウンサーの名前が芝草という。これは明らかに元朝日放送で阪神優勝架空実況で知られる植草貞夫アナへのオマージュだろう。

そしていよいよあの'92年がやってくるわけだが、当時はもちろんあんなことになるとは誰も予想していない。しかし、トラキチにとっては開幕前こそ夢と希望に満ちた時間。主人公の政は**「八木が40ホーマー／オマリーは夢の4割／和田は50盗塁！／岡田が20０打点じゃ〜」**と夢想する。さらに投手陣については、仲田17勝、猪俣14勝、野田15勝、湯舟14勝、葛西11勝、中込7勝、田村6勝、中西7勝という皮算用。合計すれば91勝で優勝間違いなしである。

阪神ファンならずとも、ひいきチームがある人なら似たような計算はするだろう。現実はそううまくはいかないが、少なくとも仲田に関しては、ある程度期待に応えた。各話の扉に作者の素のコメントが載っているのだが、第9話はこんな具合だ。

〈マイクの活躍に涙が止まらない。これは夢か幻か。「大器晩成」と言われ続けて幾年月。火ダルマになる場面ばかり見せられただけに、今季の仲田の一勝一勝は涙なくしては観られない〉

ともあれ、このタイミングでこんなマンガが連載されていたことは、奇跡と言ってもいい。ペナントレース終盤に失速し、結局優勝できなかった阪神と同様に、1巻だけ出て尻切れトンボのまま2巻が出なかったのも味わい深い。

あれから四半世紀を経た今、本作は単行本未収録の2話を加えた完全版が電子書籍で読めるようになっている（最終話の扉には〈この物語はフィクションです〉と今さらのように大書されている）。その意味は各自察してほしい。その間、我らが阪神タイガースも2度優勝した。時代は変わっていくのである。

057

心おきなく正気を捨てぇ!!

山田圭子／双葉社／2005年

私設応援団にスポットを当てた異色すぎる熱血青春スポ根ドラマ

同じ甲子園で観戦するにしても、やはりライトスタンドは格別だ。ピッチャーやバッターからは遠いが、その代わり応援団の鳴り物やコールが大音量サラウンドで響いてくる。どちらかというと静かに観戦するタイプの私としては「やかましいわ！」と思わなくもないのだが、この大応援が臨場感を盛り上げてくれるのもまた事実。

本書の主人公も、初めてのライトスタンドで間近に見た私設応援団の迫力に衝撃を受ける。**〈球場が一頭の巨大な虎と化したようだ〉〈すげえっ　すげえっ〉〈今までＴＶで**

見てた甲子園とは全く違う!!〉〈こんなすごいもの見たことない!!〉と、感動のあまり涙まで流すほど。そして延長10回、片岡篤史のサヨナラツーランで勝利した歓喜と興奮冷めやらぬまま、勢いで私設応援団への入団を願い出るのだった。

そう、本書は阪神タイガース私設応援団を舞台とした熱血青春ドラマ……って、そんなマンガ、後にも先にも見たことない！　テーマとしてあまりにマニアックというかニッチというか、よく企画が通ったなと感心する。

作者は福岡在住の阪神ファン。初の球場観戦で目にした応援団の姿に魅せられ、甲子園で私設応援団代表理事に直談判の末、取材の許可を得る。その後、掲載誌も決まらぬまま福岡と甲子園を往復しての取材を続けた。当然、その間の取材費は自腹である。そこまでして応援団マンガを描きたいという〝どうかしてる情熱〟が、そのまま画面からほとばしる激アツの作品だ。

物語は2003年5月から始まる。父親の転勤で東京から大阪に引っ越してきた桜坂《おうさか》嵐《あらし》（23）は、大学は出たものの就職がうまくいかず実家住まいのフリーター暮らし。特にやりたいことがあるわけでもなく、劣等感と閉塞感で鬱屈した日々を過ごしている。

もともと阪神ファンではあったが、東京に住んでいたこともあり、甲子園に行ったことはなかった。

そんな彼が「オレがやりたかったのはこれだ！」とばかりにタイガース私設応援団への入団を希望する。しかし、どこの馬の骨ともわからない人間がいきなり入団できるほど、私設応援団は甘くない。古株の団員は入団条件を次のように説明する。

「最低一年はここに通ってきてもらわなあかんな」「その上で黄色ジャージのリーダー以上の推薦人が二人　副リーダー長以上の連帯保証人が一人」「これなしでは入団審議会で一発でハネられる」「入ってからは更に大変やで」「新入団員は地方を除き月の1／3は応援に来なあかん」「ちなみにワシらは球団からの援助は一切受けてはおらん！チケット一枚まで自腹なんやねんで！」

そして、とどめの一言。

「正気の人間には絶対に不可能　全てあんたの本気次第じゃ」

話には聞いていたが、応援団は入るのも続けるのもなかなか大変なのだ（余談だが、「自腹なんやねんで」というのは関西弁としてはちょっと変。普通は「自腹やねんで」

か「自腹なんやで」のどっちかだろう)。

ところが、嵐はそこであきらめず、逆に闘志を燃やす。それまでサボりがちだったバイトにも精を出し、甲子園に日参する。紆余曲折はあったが最初の出会いから1年後の2004年春、晴れて入団を認められるのだった。

新人の最初の仕事は手拍子。さらに観客にコール内容を知らせるプラカード持ちなどを経て、「センター」と呼ばれる統率係をめざしての修業が始まる。今はセンターというと一般的にはAKB48を思い浮かべる人が多いだろうが、タイガース私設応援団のセンターも観客席の視線を集めるという意味では負けてない。何しろ4万人を超える観衆の応援をリードするのだから、責任は重大だ。嵐が初めてセンターに立ったとき、そこから見たスタンドの風景、視線の圧力の描写は鳥肌ものである。

希望と絶望、信頼と裏切り、努力と挫折が交錯するドラマは、まるで王道のスポ根ものを見ているよう。私設応援団に関しては松林豊氏による統一以後も問題がなかったわけではなく、体育会系的上下関係による規律正しい集団は個人的に苦手でもある。が、それを差し引いても、無償の愛を行動で示している彼らには一定のリスペクトを抱かずにはいられない。作中においても、人生を賭けてタイガースを応援している姿は胸に迫るし、あの時代の選手とその応援歌——たとえば赤星とか桧山とか——が出てくると、もうそれだけで泣けてくる。

クライマックスは２００５年の対巨人戦。現実の試合とはリンクしていないが、それはもう感動的な展開で、あふれる涙を止められない。

「ほんまに好きなもんがあったら…絶対に手放したらあかん！」「好きで好きでたまらん物がある…それが人間をどれだけ強くしてくれるか」「絶対に穢せへん神聖なものがある…それが人間をどれだけ誇り高く生かしてくれるか」「ワシらはそれをもう知っとるはずや‼」

悩める主人公に師匠格の団員が投げかけた言葉には、真のタイガースファンなら深くうなずくはずである。そしてそれは、悔いのない人生を生きるための真理でもある。

おわりに

この本が発売される頃には２０１７年のペナントレースはすでに終了している。我らが阪神タイガースは、悪くてもクライマックスシリーズの出場権は得ているはずなので、日本シリーズ出場&優勝めざして頑張っていただきたい。万一、クライマックスシリーズにも出られないような事態になっていたら、それはまことに遺憾であるが、だからといってタイガースファンをやめるなどという選択肢がありえないことは、本書をお読みになった方ならおわかりだろう。

「虎バカ本の世界」は、もともとメルマガ「週刊【非公式】虎バカマガジン」で連載を始め、途中でＷＥＢ版「虎バカマガジン」に移行した。その原稿をもとに大幅に（分量的には半分以上）加筆・再構成したのが本書である。新書の企画を出した段階では、タイガースはセ・リーグの首位を走っていた。だからこそ企画が通ったのであり、そういう意味では本書も〝便乗虎バカ本〟にほかならない。

最終的に57冊を収録したが、紹介したかった本はまだまだある。タイトルだけいくつか挙げておくと、『甲子園のヤジ　応援・罵倒の公用語、大阪弁のド迫力』（阪神タイガースに熱狂するヤジ研究会編／同文書院／1994年）、『やっぱり！　阪神タイガース　タイガースファンによる、タイガースファンのための本。』（虎大好き会編／ポプラ／1999年）、『くそったれ阪神！　なんとかせんかい！』（岩淵信太郎・細谷和史／文芸社／2002年）、『勝った！　勝った！　また勝った!!　わしらのタイガース激勝日記』（いわみせいじ／遊タイム出版／2003年）……など。

これらは基本的に「単なるファン」による本であって、選手や監督、OBの著書を入れれば、その数はさらに膨大になる。これほど多くの関連書籍が出ている球団は、阪神をおいてほかにないだろう。

『タイガース優勝したらどうしよう』のまえがきで山藤章二は〈いくら話しても話がつきないのがタイガース。それが証拠にスポーツ誌がタイガース特集を組めば必ず売れるし、タイガース論の単行本もいやというほどある。つまりは最も文化的球団なのがタイガースであること、間違いない〉と記しているが、まさに至言。

本編では割愛したが、私自身が編集した虎バカ本を、この場を借りて少し紹介しておきたい。まずは、本文中にタイトルだけ出した『タイガースファンという生き方』（メディアファクトリー／1999年）。タイガースファンとはいかなる人種であるかを多角的に追究した本で、玉木正之、金子達仁らの寄稿のほか、松村邦洋、大森一樹、宮崎学、月亭八方らのインタビューもある。趣向を凝らした企画記事も満載で、自分で言うのもナンだが非常によくできている。

2003年の快進撃に乗じて出したのが『虎漫』（大都社）だ。阪神ファン漫画家による阪神マンガアンソロジーで、執筆陣は、しりあがり寿、ほりのぶゆき、髙橋ツトム、さそうあきら、押川雲太朗、日高トモキチ、田中圭一、水玉螢之丞、葉月京ほか。2009年には、ほりのぶゆき氏の阪神ネタを中心とした野球ギャグを集めた『猛虎はん』（扶桑社）も出した。

そして、前述「虎バカマガジン」を主宰する自称阪神タイガース評論家・菅野徹氏の鳴尾浜トラオ名義の著書『虎暮らし』（扶桑社／２００８年）も私が編集を担当した。巨人に13ゲーム差をひっくり返された悪夢のシーズン全試合の観戦日記で、最後のほうは今読み返しても泣けてくる。

阪神タイガース&虎バカ本について語りだしたら、いつまでも止まらないが、今日はこのぐらいにしておこう。

そもそものきっかけを与えてくれた菅野徹氏、こうして一冊にまとめるチャンスをくれたワニプラス新書編集部各位、カバーイラストを描いてくれた西原理恵子さん、ネタにした虎バカ本著者の皆さま、ありがとうございました。そして我らが阪神タイガースに、愛とかいろんなものを込めて本書を捧げます。

２０１７年９月７日（対広島戦３連敗の夜に）

新保信長

虎バカ本の世界
阪神タイガースを「読む」

2017年10月25日　初版発行

著者　新保信長

新保信長（しんぼ・のぶなが）
編集者&ライター。1964年（阪神タイガース優勝の年）生まれ、阪神電鉄福島駅近くにあった阪神球団事務所の近所で育つ。灘高校から東京大学に進学、文学部心理学科卒業。編プロ、出版社勤務を経て1991年よりフリー。西原理恵子のマンガ『できるかな』シリーズの担当編集者として一部で有名。著書に『東大生はなぜ「一応、東大です」と言うのか？』（アスペクト）、『国歌斉唱♪』（河出書房新社）、『字が汚い！』（文藝春秋）など。タイガース関連の編書に『タイガースファンという生き方』（メディアファクトリー）、『虎漫』（大都社）、『虎暮らし』（鳴尾浜トラオ／扶桑社）などがある。

発行者　佐藤俊彦
発行所　株式会社ワニ・プラス
〒150-8482
東京都渋谷区恵比寿4-4-9　えびす大黑ビル7F
電話　03-5449-2171（編集）
発売元　株式会社ワニブックス
〒150-8482
東京都渋谷区恵比寿4-4-9　えびす大黑ビル
電話　03-5449-2711（代表）
装丁　橘田浩志（アティック）
柏原宗績
DTP　有限会社　一企画
印刷・製本所　大日本印刷株式会社

ISBN 978-4-8470-6120-2
ワニブックスHP　https://www.wani.co.jp